JN410813

성공을 향해 가는 젊은이에게

아비 마음으로 엮은 삶의 향기

성공을 향해 가는 젊은이에게
아비 마음으로 엮은 삶의 향기

초판 1쇄 인쇄 2012년 9월 25일
초판 1쇄 발행 2012년 9월 30일

지은이 조 돈
펴낸이 金泰奉
펴낸곳 한솜미디어
등 록 제5-213호

편 집 박창서, 김주영, 김수정, 이혜정
마케팅 김영길, 김명준
홍 보 김태일

주 소 (우143-200) 서울시 광진구 구의동 243-22
전 화 (02)454-0492(代)
팩 스 (02)454-0493
이메일 hansom@hansom.co.kr
홈페이지 www.hansom.co.kr

ISBN 978-89-5959-326-2 (03810)

*책값은 표지에 표시되어 있습니다.
*잘못 만들어진 책은 구입하신 서점에서 친절하게 바꿔드립니다.

성공을 향해 가는 젊은이에게

아비 마음으로 엮은 삶의 향기

조 돈 지음

한솜미디어

평소 과묵한 성격으로 한 마을에서 오랫동안 함께 살아왔으나 가까이 접할 기회가 없었는데 문화원에서 함께 합창단 활동을 하고 특히 음악(클라리넷) 공부도 같이하게 되어 선배를 가까이서 보아왔습니다.

수년 전 사업에 실패하고 지병으로 고생하시던 모습이 어제 일처럼 눈에 선한데 이제는 건강 회복은 물론 여러 가지 일에 열정을 쏟아가며 활기차게 정열적으로 생활하시는 선배 모습이 행복해 보입니다.

이번에 출간하신 두 번째 수상집을 읽어보고 삶의 진한 냄새가 묻어난 내용들을 매끄러운 문체로 향기롭고 재미있게 엮어서 단행본으로 세상에 내놓으셔서 놀랍고 감동스럽습니다.

'삶의 향기'라는 원고 내용을 접하고 평소 선배의 사상과 철학에 감동한 바 있으며, 특히 열심히 살아가는 후배들에게는 신선한 재미로 즐거움을 선사할 것이고, 좌절과 고통에 못 이겨 포기하고 싶은 젊은 후진들에게는 꿈과 희망의 꽃밭을 만들어서 꽃씨를 뿌리게 만드는 용기를 심어줄 것이라 믿으며, 어두운 세상에서 한 줄기의 등불이 되어 비춰지리라 믿습니다.

특히 훌륭한 자제분들을 두시어 행복한 선배의 가정에 부디 오래도록 행운이 함께하시길 기원하며 추천의 글로 가름합니다.

서대문 문화원 원장
신현준

CONTENTS

Part 2
가슴 따뜻한 아비의 마음

Part 1

지혜가 되는 삶의 향기

사시사철 풍성한 푸른 잎과 곧게 뻗어난 소나무를 보고 넉넉한 마음과 정직하고 은혜로운 마음을 함께 키워 나가길 소망하는 의미를 담아 소나무가 풍기는 가르침을 엮어 본다.

간절하게 원하라

사람마다 희망이 있고 꿈이 있다. 어떤 사람은 부지런히 일해서 많은 재물을 모아 부자가 되고 싶고, 어떤 사람은 공부를 열심히 하여 명예로운 학자가 되는 것이 꿈이며, 어떤 부모는 자식들을 훌륭하게 교육시켜 사회나 국가에 동량으로 키우는 것이 꿈일 수 있으며, 사회 첫발을 내딛는 회사의 신입사원에게는 그 회사의 사장이 되는 것이 꿈일 수 있을 것이다. 자기의 꿈을 이루기 위한 첫걸음은 마음을 먼저 간절하게 갖는 것이 우선인 것이다.

어렸을 때 "소년들아! 야망을 크게 가져라" 하는 격언을 많이 들었을 것이다. 단지 희망 사항이 아니라 큰 꿈을 가지라는 의미여서 가까운 장래의 목표가 아닌 먼 훗날의 큰 꿈을 야망으로 생각하여 간절하게 바랄 때 꼭 꿈이 이루어진다고 확신한다. 여기서 간절한 의미를 더 생각해 보자.

어느 스승에게 제자가 "청운의 꿈을 이루자면 간절하게 먼저 해야 할 일이 무엇입니까?" 하고 묻자, 그 스승은 대야에 한가득 물을 담아오라고 하였다. 제자가 대야에 물을 떠 오자 스승은 제자의 머리를 대야 속에 집어넣고 한참을 누르고 있었다. 제자가 숨이 막혀 몸을 바동거리며 어찌할 바를 모르는 순간, 스승은 손을 떼고 머리를 물 밖으로 나오게 하였다.

스승이 말하기를 "그때 네가 물속에서 가장 절실한 것이 무엇이더냐?"

"숨을 쉬는 것이었습니다."

"그것이 간절한 마음이다."

보이지 않는 마음의 형체를 제자로 하여금 터득하게 한 스승의 가르침을 깨닫고 그 제자는 죽을힘을 다하여 모든 바라는 일을 해낼 수 있었으며 훗날 정승의 자리에까지 올랐다고 한다.

여기에서 우리는 가까운 날의 꿈이라 할지라도 간절한 마음으로, 다시 말하여 죽을힘을 다 쏟으며 살아갈 때 꿈이 이루어지는 것은 자명한 결과일 것이라고 판단할 수 있다.

미국의 대부호 록펠러 씨도 어렸을 때부터 부자가 되겠다는 꿈을 안고 매일 눈을 뜨자마자 부자가 되는 자기의 모습을 그리며 주변의 큰 빌딩의 이름을 부르며 생활했다는 이야기를 들었다. 그 간절한 소망을 마침내 성취시키고 만 인물이 된 것이다.

요즘 온 국민의 사랑을 받고 있는 피겨의 여왕 김연아 씨는 초등학생 시절부터 세계적인 피겨 선수가 되는 꿈을 갖고 매일 일기를 쓰면서 간절한 마음을 키워나갔다는 한 방송 인터뷰 내용을 보고 바로 간절한 소망이 현실화되어서 큰 꿈을 이루어낸 실화가 아닌가 싶다.

사람의 마음은 구체화해서 눈으로 볼 수도 없으며 그 소리를 들을 수도 없다. 그러나 마음의 눈은 항상 뜨고 있어서 오늘의 자기 일과 내일의 일들을 볼 수도 있기에, 그 마음의 눈에 다듬어진 먼 미래의 꿈을 항상 볼 수 있도록 쉬지 않고 정진할 때 그 꿈에 점점 가까이 다가서게 될 것이다.

목록을 작성하여 기록해 보고 날마다 성취하는 정도를 점검 표시하는 방법이 효과적이며 내일과 모레의 더 나은 목표를 나열하여 기록하는 습관을 길러서 일기를 써도 좋다. 아니면 진도 달성표를 만드는 것도 한 방법일 것이다.

그 마음이 이 시간부터 해야 할 것과 버려야 할 것을 구분하여 행동하게 하고 죽음을 벗어날 만큼 힘을 다하여 쏟을 때 당신은 틀림없이 성공할 수 있을 것이라 보증하고 싶다.

머리로 생각하고 마음에 담고 몸으로 실천하라

누구나 한 번쯤 인생을 어떻게 살 것인가 또는 무슨 일을 하면서 살아갈 것인가를 놓고 깊은 고민에 빠져본 경험이 있을 것이다. 빙 안에 누워서 천장만 쳐다보며 생각에 빠진 경험이 누구에게나 있다고 믿는다. 머리로 생각할 때 나는 큰돈을 모아 재벌이 되기도 하고 학문에 몰두하여 위대한 학자가 되어 보기도 한다.

또는 종교에 몰입한 자기를 성직자로 만들어 보기도 하며 불가에 입산하여 세속을 벗어나 청정한 자신을 만들어 보기도 한다. 그리하여 폼 나게 살고파 하는 것이 우리들의 소망인 것이다. 머리로만 생각한다면 세상에서 불가능한 것은 없다. 그러나 그것이 허망하게도 공상이나 망상으로 한 시간도 안 돼 현실 속에서 버둥대고 있는 자신의 모습을 보게 될 것이다.

『데카메론』에 나온 돈키호테의 무용이 그렇고, 이불 속에서 꿈만 꾸고 있는 당신의 망상이 그렇다. '머리로 생각하는 것은 필름이고, 마음에 담아두는 것이 영상이며, 몸으로 행동하는 것이 영화가 된다'는 유명한 작가의 말처럼 아무리 좋고 훌륭한 시나리오도 필름에 담아 영사기에 넣고 화면에 내놓을 때에야 위대한 작품이 되지 않는가.

너무 잘 알고 있는 이치며 순서인 것을 쉽게 지나치며 잊어버리며 살고 있는 것이다.

머리로 생각하는 것은 처음 시작할 때의 마음가짐을 용기 있게 실천해 보는 것이 가장 중요한 것이다. 이를 '초두初頭효과'라고 하여 시작하는 출발에 큰 의미를 두어서 시작만 하면 반이 이루어진다는 속담처럼, 그 시작 기운이 크고 오래가는 효과를 두고 하는 의미가 있다.

쉬운 예로 아침 몇 시에는 꼭 기상하여 몇 미터를 달리는 운동을 한다고 머리로 생각하고 마음을 결심할 때 실제로 그렇게 행동해 보자. 달리고 난 후의 마음이 상쾌하고 몸이 가벼워지며 나아가서는 하루 일과를 힘차게 시작할 수 있는 힘이 만들어지는 것을 한 번쯤 경험하였을 것이다. 내일도 모레도 그렇게 한 달만 이어지고 나면 스스로도 놀라울 정도로 여러 가지 복합효과가 일어나고 있을 것이다.

학업에 몸담은 학생이라면 게임이나 운동하는 시간 중 하루 한두 시간을 빼내어서 모자라는 과목에 투자해 보자. 다음 시험 땐 성적이 크게 향상되고 그 결과 부모님이나 선생님과 친구들에게 칭찬을 듣게 될 것이며, 그 인정받는 기분이 증폭되어서 또 다른 과목을 찾아 힘쓰게 될 것이다. 그렇게 승수적인 효과로 인하여 당신은 최우수 학생이 될 수 있는데 그 사실을 지나쳐버리고 지금을 허비하고 있다.

여름철이 끝나갈 무렵 정원 한쪽에 마련한 텃밭에서 들깨며 고추나무를 걷어내고 그곳에 열무 씨앗을 심어 놓았다. 처음에는 깨알만 한 씨앗이 열무가 될는지 어리석은 마음으로 의문을 가졌으나 불과 열흘이 지나고 보니 파란 잎이 땅속에서 솟아나는 모습에 놀라고 감격스러웠다.

자연의 신비스런 힘은 물론이려니와 씨를 심으니 반드시 그 결과를 보내고 있음을 증명하는 이치를 실감할 수 있었다. 이제는 그 씨앗이 무성한 열무를 한 아름씩 선사하고 있어서 우리 식탁에 크게 이바지하고 있다.

소망한 목표를 머리로 생각해서 항상 마음속에 새기며, 몸으로 실천하기가 어렵고 힘들다 해도, 먼 훗날이 아니더라도 오늘 실천한 뒤의 성취감을 기리면서 꼭 해내는 습관을 만들어 가야 한다.

스펀지

흔히들 말하기를 '물이 들었구먼' 한다. 약간 부정적인 의미로 나쁜 습관이나 생각이 바람직하지 않은 쪽으로 기울어질 때 쓰이는 말이다. 물이 잘 스며든 물건으로 스펀지가 떠오르게 된다.

스펀지는 정유에서 뽑아낸 화학 물질인 합성면사로 직조되기 전의 원료로써 촘촘하게 공간이 있어서 그 용도가 다양하다. 건축 재료로 보온, 방수, 방열 등에 이용되고 있으며 그 무게가 가벼워 의류, 침구 등 일상용품으로 쓰이는 유용한 생활용품이 되고 있다. 특히 수분을 흡수하고 흡착력이 강하여 물에 한번 젖어들면 오랜 시간이 걸려야 원 상태로 된다.

조선 시대 사색당파가 극심할 때 선비들에게 경계하는 말로 '까마귀 노는 곳에 백로야 가지 마라'는 격언이 있듯이, 바르고 선하게 지내는 무리들과 부정하고 사악한 무리들과 구별하여 사람을 사귀고 교분하라는 교훈적인 의미로 우리가 어릴 때부터 자주 들어온 말이다.

책을 가까이하는 벗과 함께할 때는 자연스럽게 독서를 즐기게 되고 더 많이 탐닉하게 되어 스스로를 발전시키는 계기가 될 것이라 믿는다. 그러나 오락이나 도박을 즐긴다든지 또는 여색을 탐하는 무리들과 어울리게 된다면 자기도 모르게 물들게 되어 마침내 스스로를 파멸의 길로 들어서게 만들 것이다.

스펀지는 처음부터 맑고 깨끗한 물이 스며들어야 다시 짜내도 맑은 물이 나오는데 구정물이나 색깔 있는 물에 젖어든 스펀지는 오랜 시간 헹구어 내어도 쉽게 원래의 깨끗한 모양이 되기 어려워진다. 아이가 2세부터 5세에 이를 때는 사물을 보고 옳고 그릇된 일을 구분하고 판단하는 사고력이 생긴다고 했다. 그때의 아이의 성격이나 인성이 바로 새 스펀지라고 해야 할 것이다. 보고 듣고 느끼는 대로 아이에게 스며들기 때문에 부모들이나 선생님이 필터 역할을 하여 불량 물질을 걸러 내어 주어야 할 것이며, 가급적 곱고 아름다운 주변의 친구들을 사귀고 노는 데 애써 이끌어주고 처음부터 맑은 물이 스며들도록 관심을 두어야 할 것이다. 바람직한 모습은 부모 스스로 행동으로 보이고 가르쳐야 한다고 믿는다.

며칠 전 동네 공인중개사 사무실에 가서 가옥의 매매 시세를 알기 위하여 잠시 차를 마시게 되었는데 젊은 두 사람이 열변을 토하며 요즘 세태를 이야기하고 있었다. 자본주의가 무르익어 갈수록 신 노예계급이 발생되고 있는 현실이라며, 지극히 극좌파적인 혁신 세력이 되어 날카로운 비수로 우리 사회를 난도질하고 있었다.

노사 갈등이 심화되고 부동산 정책이라든가 또는 자녀교육 문제 등이 화두에 오르며 서민들의 애환을 절절하게 토해 내고 있었다. 우리 사회의 병폐가 부분적인 문제들로 노출되는 것도 모두 언론의 자유가 보장된 민주주의의 성숙된 모습이거니 생각하면서도, 한편으로는 젊은 청년들의 사고나 사상이 거의 사회주의나 공산주의 의식 속으로 물들어지고 있는 우려로 몹시 안타까운 생각이 들었다. 부익부 빈익빈 사례를 거론하며 보수 세력을 몰아붙이는 의식이 마치 사회주의를 열망하는 모습에서 걱정보다 두려움까지 생겼다.

실제로 상위 계층의 기업 CEO나 임원들의 연봉이 현장 근로자들의 몇

백 배에 이르니, 그것이 과연 당연하고 합리적인가의 질문에는 쉽게 대답을 못하고 살며시 동의하고자 하는 마음까지 생긴 것이다. 크게 틀린 사실이 아니기 때문이다.

공장에서 24시간 3교대 근무를 하며 생산된 제품을 세계시장에 팔아온 이윤이 기업의 임원들이나 현장 근로자들이 함께 이루어낸 성과인데, 돌아온 보수의 차이가 수십, 수백 배의 차이가 있는 것이 그들대로의 정연한 논리에 아무 하자가 없었다. 이런 사회 구조가 현대의 자본주의 사회에서 만들어 내고 있는 신 노예계층이 되고 있다는 논조였다.

얼마 전 미국의 부자 동네에서 부자세 폐지 법안에 반대하는 군중들의 데모 행렬을 본 바 있다. 억만장자들에게 부자세를 부과하자는 시민들의 항의 표시였을 것이다.

우리나라에서도 광화문 광장에서 많은 젊은이들이 김일성을 추모하고 김정일을 외치는 모습을 보고, 우리 사회의 민주적인 다양성을 인정하기에 앞서서 스펀지에 스며드는 빈곤 계층을 대변하는 사회 혁신 세력들의 공산화 사상이 크게 우려되고 있으니, 정치하는 지도층 인사들은 심각하게 고민해야 할 문제가 아닌가 생각한다.

첫인상과 대화의 방법

르네상스 시대의 불세출한 유명 화가 레오나르도 다빈치의 그림 모나리자의 얼굴 모습에서 그녀가 지닌 미소가 오늘날까지 그 신비로운 의미를 찾아내지 못하고 그 미소의 의미와 가치를 연구하는 학자가 있다고 한다. 따뜻한 사랑을 건네주는 미소라고도 하고, 냉소적인 차가운 미소라고도 하며, 또는 비하하는 교만한 미소로 해석하며 뚜렷한 결론을 찾지 못한다고 알고 있다.

사람의 얼굴에 나타나는 모습이 얼마나 신비스럽고 큰 비중을 차지하는가는 살아오면서 여러 번 느꼈으리라 믿어진다. 사람을 만날 때 그 사람에 대한 느낌이나 판단은 첫인상에 의해 이루어지고 있다. 그 첫인상은 불과 2~3초 만에 상대에게 각인되어진다고 한다. 우리는 신규 고객을 만나거나 새로운 인간관계의 교분을 맺어 나가기 위하여 첫 대면을 하고 인사를 나누게 되는데, 그때의 첫인상이 매우 짧은 시각에 이루어져서 상대를 마음 밑바닥에 각인시켜 놓으며 그 위에서 대화를 하고 토론을 하며 협상을 해나가고 있다.

그만큼 중요한 첫인상을 어떻게 하면 상대에게 좋은 느낌이 들도록 하게 될 것인지를 한번 내 경험을 통해 생각해 보려고 한다.

우선은 미소 짓는 얼굴이 먼저라고 생각한다. 미소는 입술 양쪽 끝을

살짝 위로 추어올리며, 눈과 눈썹을 가늘게 새벽달처럼 활 모양으로 휘어 실눈을 머금은 모습이 되면 그 얼굴은 미소를 머금고 있다고 볼 수 있다. 평소에 눈과 눈썹을 위아래로 추어올리고 내리는 반복 운동으로 인해 눈으로 웃는 모습이 자연스럽게 가능해진다고 한다.

반면에 입 모양이 활처럼 휘어져 눈웃음만 지닌다고 미소 짓는 얼굴이 될 수 없으며, 거만한 얼굴이나 무시하고 비웃는 모습으로 자칫 오해를 불러일으킬 수가 있다. 거만하고 깔보는 인상으로 오해받기 쉽다. 아무리 귀와 눈 그리고 입과 코가 오뚝하여 또렷하게 잘 생겼다고 하나 입가의 미소만큼 호감이 가는 인상을 따라갈 수가 없다. 호기 있는 너털웃음이나 킬킬거리는 웃음 또한 경망스레 보일 수 있어서 첫인상으로 적합한 모습이 아니다. 상대방이 나를 경계하지 않고 친근한 마음을 열어 건네주도록 하는 겸양의 태도야말로 첫인상으로 함께 결정된다는 사실을 쉽게 지나치고 있다.

만일의 경우 굳은 표정의 얼굴이라도 따뜻하고 정직한 내 속마음을 상대에게 충분히 전달하기까지는 오랜 시간이 걸리며, 첫인상의 불안했던 분위기의 경계심을 해소하는 데는 많은 시간이 필요하기 때문이다.

다음으로 대화하는 요령이라고 생각한다. 대화는 그 사람의 학식과 인품을 나타내어 상대에게 보일 수 있는 드러난 큰 통로인 것이다. 상대에게 첫째로는 재미있게 말할 줄 알아야 한다. 유머와 해학으로 상대를 즐겁고 기쁘게 만들 수 있다면 더욱 효과적이라 생각한다. 적절한 사례를 들어가며 감정과 논리를 조화해야 한다.

두 번째는 상대의 말을 잘 들을 줄 알아야 한다. 여기서 파레토 법칙이 요구된다.

미국의 LA에서 어느 보험 외판원의 성공 이야기로, 어느 날 길을 가다가 호화주택과 최신 고급 자동차가 있는 집을 보고 그 주인을 만나보고 싶어졌단다. 초인종을 누르고 그 집에 들어가 매우 궁금한 것이 있어 주인을 뵙고자 한다고 부탁드린 후 주인을 만날 수 있었다고 한다. 선생님께 이런 좋은 집과 고급 차를 갖게 된 성공 비결을 배우고 싶다며 간청을 하자, 그 주인은 한 번도 자기의 성공을 부러워하여 물어오는 사람이 없었음을 아쉬워하던 차에 신이 나서 자기 성공 이야기를 장황하게 설명하게 되었단다. 앞에서 듣고 있던 외판원은 감탄사와 맞장구로 추임새를 곁들여 끝까지 재미있는 표정으로 이야기를 다 들어주었다고 한다. 마침내 희색이 가득한 주인이 당신의 직업이 무엇이냐고 물었고, 보험 외판원이라고 대답하자 내 이야기를 그렇게 열심히 들은 당신에게 보험계약을 큰 금액으로 가입하겠다고 해서 큰 결실을 얻었다는 유명한 일화가 있다.

상대방이 이야기할 때 나는 20%만 말하고 80%는 그의 말을 경청하는 것이 '파레토 법칙'이다. 내 이론과 주장이 비록 맞고 우월하다 할지라도 설혹 상대의 불안전하고 미흡한 의견일지라도 상대의 말을 8:2로 들어주고 나는 그의 주장에 경청하는 추임새로 맞장구치는 태도를 보여야 할 것이다. '제일 명창, 제이 고수'라는 말처럼 명창의 빼어난 노랫가락에 고수의 추임새 장단이 적절하게 조화되어 훌륭한 무대가 이루어진 것과 같다. 마치 아름드리 소나무들이 아무리 크고 장대하여도 아름다운 숲을 만들려면 균형을 맞추어주는 잡목들이 사이사이 어울려 있어야 하듯이 내 주장이 2가 되고 8은 상대의 주장을 들어주며 맞장구치는 추임새가 되도록 대화를 진행해야 한다.

셋째는 신뢰를 줄 수 있는 태도로 임해야만 보람 있는 대화로 탄생된다. 시선을 딴 곳에 두고 가벼운 표정으로 대화를 이어갈 때 상대 또한 속마음으로 신뢰를 깊이 감추고 겉으로만 가볍게 맞장구치는 실패의 결과를 초래하기 쉽다.

마지막으로 성공적인 대화의 결정적 요인은 빠른 눈치로 과감한 결단력이 요구된다. 적절한 시점에서 내 의사를 건네는 것이라 생각한다.

주로 외교적인 국가 간의 협상이나 사업상 거래 관계에 있는 상대와 계약을 성사시키는 과정에서 요구된다고 할 것이다.

우리가 살아가면서 첫 만남과 더불어 대화는 그 방법과 기술이 얼마나 크고 중요한 일인가는 설명할 필요 없이 상호 간의 매듭을 풀어가는 첫 단계인 것이다.

내 첫인상이 먼저이며 그와 대화하는 일이 두 번째로 필요하고도 충분한 조건인 셈이다. 그 첫인상을 결정짓는 미소 머금은 얼굴과 함께 인사가 끝난 후부터 시작되는 상대의 말을 잘 들어주며 추임새로 맞장구를 치는 태도야말로 이웃과 잘 살아가는 처세의 비결이며 성공의 문턱을 넘어서는 첫 발자국이라 생각한다.

공리功利적인 인간

인간의 이익이나 행복을 증진시키는 의미가 공리인 것이다. 자기 혐오감이나 좌절을 느끼며 그 속에서 헤매고 있는 사람들이 많이 있다. 사기는 항상 남보다 한발 앞서 가며 살아야 되고, 남에게 지지 말아야 한다는 자존감이 강한 사람들에게 어느 한순간 좌절이나 포기하고픈 생각이 쉽게 일어나게 되는 것이다. 그것은 미래를 거는 기대가 눈에 보이듯 확연할 때 현재를 희생하고 헌신하는 마음이 아깝지 않으며 당연한 순서라는 공리적인 인간의 속성이 있기 때문이다.

간혹 공리적이 아닌 이타적인 맹목의 희생정신을 지닌 선각자나 성인들의 삶을 드물게 보는 것을 제외하면 누구나 공리적인 개념으로 일정한 노력을 쏟게 되며 그에 보상을 바라는 속성이 있기 때문이다.

내일 모레에 있을 어떤 목적으로 생각을 품으면 오늘의 고통이나 희생을 즐거움으로 변화시키는 심리가 일어나서 줄기차게 노력하는 비용이나 시간들이 아깝지가 않게 될 것이다. 그가 이루고자 하는 또는 갖고자 하는 앞날의 목표나 목적이 비록 멀고 긴 훗날이 된다 해도 하루하루를 공리적인 심상으로 촘촘하게 엮어 나가야 할 것이다.

미움이나 사랑도 공리적이지 않으면 절대로 깊어지거나 진실할 수 없음을 안다. 무조건적으로 보이는 사랑을 베푸는 신앙인의 사랑도 결국에는 하느님으로부터 더 큰 은총과 은혜를 고대하는 공리적인 인간의 증거이기 때문이라고 믿는다.

청춘남녀 간의 사랑은 긴 설명이 필요 없는 더더욱 공리적일 것이다.

천륜이라 일컫는 부모와 자식 간의 사랑도 지금보다 더 행복하게 살아가게 하기 위한 자식들에게 거는 미래의 기대와 희망이 없다면 헌신과 희생이 쉽게 따르지 않으리라 믿는다. 하물며 혈육이 아닌 다른 사람에게 친절을 베풀고 봉사하는 것은 언제인가는 돌려받기를 기대하는 약삭빠른 행동이며 공리적인 인간의 속성이라 생각한다.

대가를 바라지 않고 베풀고 봉사하는 마음이 순결하고 아름다운 사람은 "오른손이 하는 일을 왼손이 모르게 하라"는 예수의 가르침대로 진정으로 봉사하고 희생할 줄 아는 세련된 인품의 소유자이며, 공리적이 아닌 희생적인 사람이 아니겠는가. 그런 희생적인 숭고한 사람들을 우리 주변에서 쉽게 찾아보기 어려운 일이다.

스스로 자신의 삶이 발전적인 생활이든지, 아니면 정체되어 있든지 그에게도 분명 꿈꾸는 아름다운 장래가 있을 것이다. 그 장래의 희망스런 성공을 위하여 오늘을 공리적으로 생각하고 현재에 만족하고 넉넉하게 보내야 하는 것이 당연하며, 일주일 또는 한 달 뒤에 내게 일어날 수 있는 작은 목표를 지금 생각하면 오늘 하루를 허무하게 소비하는 어리석음이 사라질 것이다.

위기

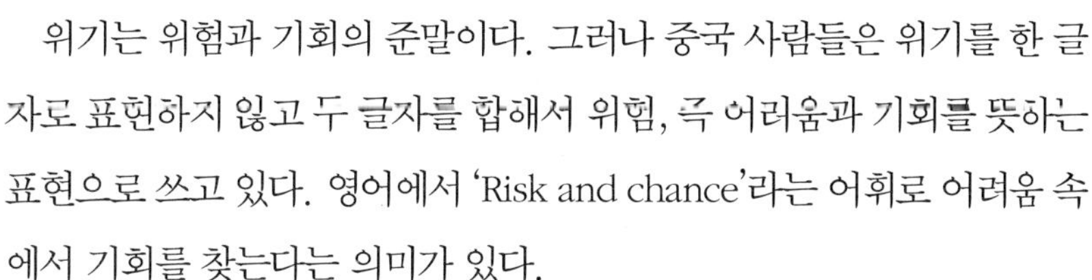

위기는 위험과 기회의 준말이다. 그러나 중국 사람들은 위기를 한 글자로 표현하지 않고 두 글자를 합해서 위험, 즉 어려움과 기회를 뜻하는 표현으로 쓰고 있다. 영어에서 'Risk and chance'라는 어휘로 어려움 속에서 기회를 찾는다는 의미가 있다.

인간은 위험을 한 번 겪어 보지 않고는 성숙하지 못하며, 위험은 누구나 피해 갈 수 없는 성공의 초입에서 또는 중간에서 필연적으로 겪는 과정이고, 반드시 극복해야 하는 과제며 단계인 것이다. 고통스러운 위험을 통해서 비로소 극복하는 새로운 힘이 생성되고 성숙되고 있는 것이다.

어느 날 갑자기 인생의 한 주기가 끝나고 나면 또 다른 위험이 다가서고 있으며, 그것을 고민하게 되고 또한 그 위험에서 벗어나고자 몸부림치며 애쓰게 된다. 어쩌다가 위험에 휩싸여서 바닥으로 추락한 경우 그 바닥에서 헤어 나오지 못하고 주저앉는 사람들도 있어서 종래에는 일생을 파탄 내고 폐인으로 살아가는 사람들을 보았다. 심지어는 소중한 생명까지 버리는 처참한 말로를 맞이하는 자가 생기는 것이다. 그러나 이때 목숨까지 바쳐야 할 또 다른 일을 찾아 나선다면 절대로 불가능한 일이 없다는 진리를 깨달아야 할 것이다.

그때에 몸은 소금에 절인 배춧잎처럼 만신창이가 되어 있을 것이며 마음은 포기라는 절망의 늪 속에 빠져 있기 마련이다. 그 상황이 위험한 시기이며 위기에서 벗어나는 변곡점이라 생각하며, 다시 오르는 길만 있는 상승 출발 시점이라는 사실을 알아야 할 것이다.

그것이 기회가 되는 셈이다. 아무리 크게 성공을 거둔 자들도 이러한 변곡점을 한 번쯤은 경험하고 또다시 인생살이 경기를 시작하여 마침내 승리하는 기쁨을 누리고 있음을 명심해야 할 것이다. 신은 인간에게 발전할 수 있는 선물을 주기 위하여 위기로 포장해서 준다는 말이 있다. 아주 의미심장한 어구라고 생각된다. 지금까지의 익숙하고 편안한 방식을 버리고 자신을 개선하라는 과제를, 위기라는 포장지에 담아서 선물로 주었다고 생각해 보라. 위험과 고통 속에서 도태하지 않으려고 끊임없이 변화를 찾아 노력하면 뛰어난 성과가 당신 앞에 나타날 것이다.

일반적으로 위기에 봉착한 사람은 지난 몇 년 동안 해온 일들에 대하여 반성해야 한다. 그 속에서 당신의 잠재 능력을 찾아내려는 지금까지의 인생을 촘촘하게 살펴보아야 할 것이다. 위기에 처했을 때 이를 극복할 수 있는 전형적인 질문을 몇 가지 던져 보라.

지난 몇 년 동안 나는 무엇을 해 왔는가. 현재 나는 누구이며 내가 할 수 있는 일은 무엇일까. 앞으로 내가 하고 싶은 일은 무엇인가. 나의 생각을 실천에 옮기려면 나는 무엇부터 해야 하는가….

이러한 질문들 속에서 해답을 찾아낸다면 당신은 미래를 여는 열쇠를 손에 쥐고 있는 것이다.

사람은 태어날 때부터 유전적 기질을 부모로부터 물려받는다고 한다. 그런 잠재능력이 나이가 들면서 발전되는 것이 순서인데 스스로 깨닫지 못하고 그냥 지나치며 신세만 한탄하는 경우가 있다.

인생의 주기는 여러 번에 걸쳐 나누어 찾아온다고 본다. 보통 7년 단위로(성경의 7일간의 창조) 바꾸어지고 있음을 느낄 것이다. 6~7세에 학교에 입학하고, 27~28세에 직업을 갖고, 35세에 정열적으로 일을 하고, 42세에 소위 중년의 위기를 맞고, 60대 중반에 은퇴를 한다. 이러한 주기에 한 번 당신의 인생을 맞추어 보길 바란다.

인생은 절대로 정점까지 오르다가 다시 내리막길을 걸어가는 가우스 곡선처럼 좌우 대칭형으로 이루어져 있지 않다. 이러한 모습이 자연스러운 것이며 당연하다고 생각된다. 인간의 역사 속에서 70세 이후의 삶이 행복하고 빛나는 분들이 얼마나 많은가. 늦은 나이는 없다고 했다. 늦게 시작하는 일이 불가능했다는 전례를 듣지 못했으며, 먼저 시작한 사람보다 조금 더 힘들었고 늦었을 뿐이다.

또박또박 걷고 차곡차곡 쌓아라

어느 귀촌의 인사가 강원도 영월 벽촌에 들어가 아무 연고도 없는 산골에 터를 잡고 6년에 걸쳐 흙벽을 쌓고 기둥을 세워 가며 아름다운 농가를 지어 가족과 함께 행복한 생활을 하고 있는 모습이 소개된 바 있었다. 터를 잡고 기초를 다듬고 흙과 모래로 시멘트를 섞어 가며 가옥 모형 틀을 완성하는 데 1년이 걸렸다고 설명하며, 차곡차곡 흙벽을 높이고 담장을 쌓는 데 또 1년을 보냈다고 했다.

우리 한국 사람들의 정서와 의식 속에는 항상 빨리빨리를 외치며 모든 일을 급하게 서둘러서 성취하려는 특징이 있다고 한다. 서구 사람들이 수십 년, 수백 년 동안 한 건물을 짓고 완성하는 일과 비교할 때 우리의 속성・속결주의가 서양 사람들과 너무 대조적이라서 과연 바람직한 것일까 종종 의문을 갖곤 한다.

며칠 후 귀촌 인사와 정반대의 기사를 보았다. 환경학을 연구하는 어느 환경보존연구원의 아내가 남편의 박봉 때문에 어려운 생활고를 이기지 못하여 일확천금을 꿈꾸며 여러 날을 고민했단다. 그녀가 찾아낸 길은 주식 투자가 아닌 투기였다고 한다.

내가 알기로는 증권은 성장성 있는 기업에 장기간 기업 가치에 투자를 해야 그 결실이 크고 알차다고 믿고 있기에, 그녀가 조급한 마음에 투기를 결심하고 기업 가치와는 상관없이 가격 진폭이 요동치는 작전주식에 빠져들고 말았단다. 결국에는 투자 금액을 전부 잃고 융자금을 상환하기 위해 집 한 채를 날려버린 참혹한 지경에 이르고 마침내 남편과 이혼하게 되었으며, 가정이 파탄되어 두 아이들과도 헤어지게 되었다는 어느 잡지의 서글픈 이야기를 읽은 바 있다. 앞에서 성실한 귀촌 인사가 차곡차곡 흙벽돌을 쌓으며 아름다운 가옥을 6년에 걸쳐 지어낸 이야기하고는 너무도 상반되는 실화이다.

10여 년 동안 나의 지병을 검진해 주신 신촌의 종합대학 병원의 내분비과 전문의사 선생님 말이 생각난다. 또박또박 발가락에 힘을 주고 하루에 만 보 이상을 걷기만 해도 건강을 회복할 수 있다는 충고였다.

너무도 상식적인 이론이지만 곰곰이 생각해 보면 우리 몸에 에너지가 저축하여 쌓이게 되면 기가 발생하고, 그 기가 피를 끓어 모아서 몸 전체가 활기를 찾게 된다는 보배 같은 원리이다. 은행에서 통장에 한 푼 두 푼 저축하듯이 몸 안에 에너지를 저축해 두라는 것과 똑같다는 의학적인 설명이었다.

흔히들 금전이나 재화를 저축한다는 의미는 일반적인 상식이었으나 에너지인 기氣를 저축한다는 말은 우리들에게 생소하다. 그러나 꾸준한 운동으로 몸을 구성하고 있는 360억 개의 세포 속에 기를 차곡차곡 저축한다는 의미이다.

통장에 쌓인 저축 금액을 위급할 때 인출해서 요긴하게 쓰듯이 매일매일 걷기만 한 운동량으로도 몸 안의 세포 속에 에너지를 저장해 두면, 병균이 침입할 때 꺼내서 막아주고 해로운 병균과 싸워준다는 의미일 것이다.

인체의 피부에는 1백조 개의 세포와 땀구멍은 대략 500만 개, 신경 종말은 1,000만 개, 뇌세포는 230억 개가 있다고 한다. 뇌파 진동의 세계적인 전문가 이승헌 박사의 이론에서도 장생 보법으로 또박또박 발가락에 힘을 주고 걷는 운동이야말로 뇌간에서 발생하는 에너지를 생성시키며, 그 기운이 쌓여서 사물을 끌어당기는 무서운 힘이 되는 혈정血精이 이루어진다고 했다. 우리가 뇌파 운동을 이용하여 뇌간에 자극을 주게 되면 뇌의 BOSbrain operating system 작용이 활성화되어 온몸에 생기가 발생한다는 이론이다.

한꺼번에 크게 많이 이루겠다는 생각은 부질없고 허황된 것이라 말하고 싶다. 일확천금을 노리는 바보 같은 생각을 털어내고 차곡차곡 쌓아가고, 누구나 쉽게 해낼 수 있는 뚜벅뚜벅 걸으며 기를 저축해서 풍성한 몸을 가꾸어 아름다운 미래를 설계하며 오늘을 살아야 한다고 당부하고 싶다.

상상과 몽상夢想

상상과 몽상을 그 의미로 구분하자면 상상은 긍정적 마인드로 실현 가능한 꿈을 꾸는 것이고, 몽상은 부정적인 마인드로 결코 실현 불가능한 꿈을 꾸는 것이라 생각한다. 상상은 생각만으로 즐거움과 희망을 품고 안으며 행복을 느낄 수 있으나 몽상은 생각만 하다가 추락해 버리는 허망한 끝을 보게 될 것이다.

사람들은 누구나 상상을 즐기며 살아가고 있다. 내가 무엇을 하는 사람이 될 것이며, 내가 얼마만큼 큰돈을 벌어서 부자로 살 것인가, 또는 내일은 어떤 일을 하면서 이웃을 보살필 수 있을까, 나는 어떤 지도자가 되어서 국민을 돌보며 더 잘사는 나라로 만들어 낼 것인가.

이러한 실현 가능한 목표를 그리며 하는 긍정적인 마음에서 누구나 상상은 그 자체가 발전적 의미이며, 발전의 동기를 부여하고 힘을 실어주는 마력을 가지고 있다고 믿는다. 다시 말해서 상상은 자신감을 나타내주는 보약이지만 몽상은 끝이 허탈하고 사람을 절망의 수렁 속으로 밀어붙이는 물귀신 같은 존재라 하겠다. 서양 격언에도 생각하고 또 생각해서 부와 건강을 키워내라는 말이 있다.

"Think and grow rich. Think and grow health."

설혹 몽상의 문으로 들어섰다가도 그 끝이 안 보일 때 돌아서서 나오는 지혜를 가져야 할 것이며, 처음부터 실현 불가능한 몽상과는 멀리하고 친하지 말아야 한다.

한 소년이 따뜻한 봄볕을 즐기며 풀밭에 누워 하늘을 나는 새들을 보면서 푸른 하늘을 나는 사람이 되고 싶은 상상에 빠졌단다. 그는 항공학교에 들어가서 비행 조종사가 되었고 마침내 우주를 날아가 달나라까지 가는 일류 최초의 우주인으로 역사에 남는 인물이(닐 암스트롱) 되었다.

머리로 생각하는 상상이야말로 깊고 거듭 쌓이게 될 때 몸으로 실천하고 싶어지며, 그래서 멀고 먼 꿈이 아닌 눈앞에 목표로 나타나게 될 것이고, 시간이 계속 흐르면서 그 목표가 달성되는 것은 필연적인 것이다. 몸이 아프고 건강이 극도로 쇠약해진 환자일지라도 건강해진 몸을 상상하고 간절하게 그리게 되면 다음 순서는 병을 치유하는 회복 운동을 자연스레 시작하게 된다. 시간이 지나고 어느 시점 중간에서는 그 결과에 스스로 놀라게 되며, 더욱 박차를 가하여 단단한 몸을 이루고 싶어지는 끈을 동여매게 될 것이다.

스티븐 스필버그의 쥐라기 공원이나 빌 게이츠의 마이크로 소프트가 보통 사람의 발상이 아니라 영재들의 상상 속에서 탄생된 보물인 것이다. 한 사람의 탁월한 천재가 수십만의 근로자들을 먹여 살린다는 삼성그룹의 이건희 회장의 천재 경영론이야말로 한때 우리 사회의 영재 교육제도에 관심을 불러일으켰고 신선한 충격을 준 바 있다. 상상의 실마리가 몸과 마음을 이끌어 내는 동기로 시작되어서 성공의 꽃을 피우는 씨앗이 된다는 사실이다. 그러나 몽상은 허망하며 속이 비어 있는 생각으로 아무리 오래 해도 씨앗이 자라지 못하고 썩어버리는 그야말로 쓸모없는 몸부림에 불과한 것이다.

위대한 발명가나 위대한 음악가의 상상 여행 속에서 불후의 명곡을 만들어 내는 경우도 있다. 베토벤이나 쇼팽의 명곡들이 탄생하게 된 배경에 그런 사실들을 말해 주고 있다. 상상의 나래는 드넓은 창공이 있기에 아무리 날고 또 날아도 자유로울 수 있어서, 가까이 다가서서 항상 훨훨 날갯짓을 하며 인생을 살아가야 아름답고 빛나는 삶이 그려지고 실현될 것이라 생각한다.

용돈을 쓰는 계단이 다르다

며칠 전 TV 뉴스에서 현대 중공업 회장인 정몽준 씨가 계열 그룹사에서 모두 5천억 원을 조성하여 사회 복지사업에 헌납한다는 소식을 듣고 사람마다 돈을 쓰는 계단이 높고 낮음을 실감할 수가 있었다. 일부에서는 정치적인 쇼라며 폄하하는 사람들이 있었으나 어찌하거나 많은 재산을 아낌없이 내어주는 그분의 인품에 찬사를 보내지 않을 수 없었다.

천재지변이 있어 화재나 수재가 발생할 때 기부의연금을 모금할 때도 그 금액의 차이를 보면서 기업의 건강함과 개개인의 넉넉한 정신과 마음의 그릇이 다르다는 것을 느낄 수 있었다.

미국에서도 빌 게이츠나 증권 갑부인 워런 버핏이 전 재산의 90% 이상인 수천억 달러를 사회에 기부하고 헌납한 일이 있었으니, 세계적인 부호들이나 성공한 사업가들의 아름다운 기부 소식을 접할 때마다 너무도 왜소한 자신을 돌아보며 자괴감을 갖는 것은 나만의 생각이 아닐 것이다.

부모로부터 물려받은 재산을 이웃에게 나누어주는 일은 크게 어렵지 않겠으나 스스로 열심히 살아서 자수성가한 사람들이 많은 재산을 기부하는 결심은 다시 그 의미와 가치를 깊이 있게 생각하지 않을 수 없을 것이다.

백 원 단위의 금액으로 일상을 꾸리는 사람이 있는가 하면 천 원, 만 원 단위의 용돈을 주머니에 담고 일상을 꾸리는 자들이 있다. 학생 신분으로 초등학생이나 중학생일 때는 활동 범위가 한정되어 있어서 용돈의 씀씀이로 백 원 단위, 천 원 단위의 생활은 보편적으로 크게 불편하지 않을 것이다.

그러나 사회생활을 해야 하는 성인의 입장에서는 백 원 단위나 천 원 단위의 용돈 씀씀이 생활은 크게 불편하여서 자신의 서러운 처지를 한탄하며 인고의 생활을 보내게 될 것이다. 더욱이 만 원 단위, 십만 원 또는 백만 원 단위의 활동 영역을 지내온 분들이 어쩌다 벽에 부딪히고 파고에 넘어져서 한두 단계를 줄여서 천 원 단위, 백 원 단위의 용돈으로 생활해야 하는 사람의 심정은 처절하게 무너진 자신의 처지를 비관하기가 쉬워진다.

그러나 인생은 흥망성쇠가 있으며 불황과 호황이라는 둥근 길을 돌아가는 순환 법칙 속에서 흐르고 있음을 다시 염두에 두고, 바닥을 쳤으니 반드시 회복기가 돌아와 호황기에 들어선다는 기대를 저버리지 말아야 할 것이다.

불황을 겪어 온 기간만큼 소요되는 회복기의 기다림은 필연적이기 때문 미리 걱정하고 좌절 포기하는 어리석음을 버려야 할 것이다. 따라서 미리미리 준비해 가며 그 기대와 꿈을 안고 지금의 불편함을 이겨 내는 마음을 다져야 할 것이다.

한평생을 백 원 단위, 천 원 단위의 용돈으로만 살아야 하는 사람이 결코 존재하지 않을 것이며, 평생을 십만 단위나 백만 단위의 씀씀이로 풍족하고 호사스러운 사치를 누릴 수 있도록 허락받은 삶도 존재하지 않은 것이 자연의 섭리인 것이다.

만복을 다 갖추고 사는 사람은 보기가 쉽지 않다. 설혹 재복을 넘치게 누리며 사는 사람들이 한편으로 가슴을 파헤치는 서러운 흉사를 함께 겪으며 살아가고 있음을 주변에서 많이 볼 수 있다.

길하고 흉한 것은 상대적인 발생이다. 정 · 반 · 합의 일반 법칙이 인간사와 함께 가고 있으므로 설혹 현재의 불행함으로 인해 좌절하고 포기하는 것은 금물이며, 현재의 넘치는 행복으로 인해 교만하거나 자만에 빠져서는 안 된다는 것을 크게 교훈 삼아야 할 것이다.

자신과의 약속을 지켜라

사람들이 흔히 말하기를 작심삼일作心三日이라고 해서 한 번 세운 계획이 3일 넘기가 어렵다고들 했다. 이 약속은 머리에서 나온 계획을 가슴으로 실천하고 몸으로 행동하기가 어렵다는 뜻이다.

내가 상대에게 하는 약속이 물질이 개입한 이해관계에 있을 때는 계약이라는 민법상 법률로 규정지어질 것이나, 그 이외의 것들은 믿음과 정분에 의한 굳은 관계를 맺고자 하는 아름다운 약속이라 해도 좋다.

정치가들의 약속이 70% 이상이 거짓말이라고 규정한 영국의 노 정치가 윈스턴 처칠 경의 말처럼 우리도 쉽게 알 수 있듯이 인기몰이식 약속은 선동을 위한 술수라 믿어지고 있으나 내가 남에게 하는 또는 내 스스로 하는 약속은 정치하는 사람들의 약속의 의미와는 크게 다르게 해석하고자 한다.

작심삼일로 끝나는 약속이 아니더라도 오늘 하루 24시간을 어떻게 보낼 것이라는 아침의 생각이나, 내일을 어떻게 보내겠다는 오늘의 생각을 몸과 마음으로 실천해 보겠다는 자신과의 약속에 대하여 의미를 좁혀서 생각해 보자.

당신이 학생 신분일 때 나는 아침 몇 시에 반드시 기상하고, 밤 몇 시에 잠을 자며, 몇 시간은 어느 과목을 집중하여 예습복습을 할 것이며, 몇 시간 짬을 내어 운동을 한다는 쉬운 것들로부터 실천해 보자. 그렇게 하루 이틀 계속하게 된 후의 자기에게 일어난 변화와 놀라운 결과가 나타나게 될 것이라고 확신한다.

자칫 핑계를 대어서 오늘은 비가 와서 또는 오늘은 친구가 찾아와서 머리로 생각한 일들이 빗나가고 포기할 수 있으나 이는 실행하지 못하는 변명으로, 약속을 중단한 그 이유를 찾아 내세워서 자신을 감추고 보호하려는 인간의 속성이 발동하기 때문이다.

나이 든 노인들에게 자주 볼 수 있는 사례로, 건강을 지키고 병을 치유하기 위한 일로 운동이 몸에 이로운 것을 너무 잘 알고 있음에도 적당한 핑계를 내세워서 자기를 위로하고 스스로와의 약속을 지켜내지 못하는 분들을 내 주변에서 많이 보았다.

내가 남에게 하는 약속을 잘 지키는 사람에게는 그 사람의 믿음과 존경을 얻을 수 있어 다른 일에도 조건 없이 도움을 주고 싶고 성원을 받게 될 것이며, 반대로 남이 나에게 약속을 하여 잘 지키면 그 결과의 좋고 나쁨에 상관없이 선의의 도움을 주려는 경우를 쉽게 볼 수 있다.

그러나 향후 자기의 이익을 위하여 상대에게 도움을 주려는 약속은 허울 좋은 탈을 쓰고 차라리 하지 않는 것이 중간쯤으로 남을 수 있다. 하지만 그 저의가 발각될 때에 일어나는 배신감이나 허망한 나쁜 감정은 중간쯤이 아니라 그보다 못한 인상을 주어서 인간관계에서 영하점 이하로 내려가고 말 것이다. 그래서 함부로 내뱉은 약속은 무서운 독침이 되고 창이 되어서 나에게 돌아온다는 이치를 명심해야 할 것이다.

자기와의 약속이 남하고 하는 천금짜리 약속보다 만금짜리인 것이 분명하다. 멀리 하는 약속보다 오늘 하루만이라도 마음먹는 대로 약속을 지켜볼 때 하루가 상쾌할 것이고, 잠들기 전 뿌듯한 기쁨을 누릴 것이며,

또 하루가 쌓이고 계속되고 난 뒤에는 반드시 어느 임계점에 이르면 폭발적으로 놀라운 에너지가 나타나서 당신의 미래는 자연스레 밝아질 것이라고 믿는다.

소나무가 가르치는 지혜

우리나라의 풍토에는 소나무가 살기가 알맞은 모양이다. 어느 지방 어느 곳에 가서든지 산이나 들에서 씩씩하게 자라고 있는 소나무를 자주 볼 수가 있다. 열대지방에서나 추운 한대지역에서는 희귀식물이지만 사계절이 뚜렷한 우리나라 온대지방의 기후와 풍토가 그들이 살기에는 적합한 지역이라서 자손들을 많이도 번식하며 살고 있음을 알 수 있다.

곧은 몸통이며 풍성한 옷을 걸치고 하늘 높이 자라는 모습이 씩씩하게 보이고 의연하며 품위를 갖춘 용기 있는 사람처럼 우람차게 보인다. 햇빛이 강렬하게 내리퍼붓는 한여름 무더위가 덮칠 때는 시원한 그늘을 만들어서 더위를 피할 곳을 만들어 은혜를 베풀 줄도 알며, 태풍이나 강한 바람들이 쳐들어와도 사이사이 틈을 내주어서 불편 없이 지나가게 하기도 하는 너그러움이 있다.

주변에 빈자리가 있거나 넓은 터전에서는 몸을 구부리고 휘어져서 유명한 동양화가들에게는 아름다운 모델이 되어 여러 모양으로 모습을 바꿀 줄도 알며, 좁은 공간에서는 위로만 뻗어 나가 옆 나무를 배려하고 함께 불편 없이 살아가는 아량도 가지고 있다.

아무리 큰 눈이 퍼부어도 가지마다 쌓인 눈이 너무 무거워 지칠 때는 몸 한구석을 쪼개 내어 온몸을 지탱하는 희생정신을 발휘할 줄도 아는 지혜를 가지고 있는 식물이기도 하며, 높은 산에 자리 잡고 사는 소나무는 몸을 낮추어서 매서운 찬바람을 피할 줄 아는 겸양을 지니고 살아가는 나무이기도 하다. 어쩌다 바위틈에서나 자갈밭에 태어나 흩어져 살고 있는 자들은 자기 온몸을 예쁘게 다듬고 몸집을 작게 만들어 사람들에게 관상용 분재로 바치는 헌신과 봉사를 할 줄 알기도 한다.

목숨이 다하여 죽은 뒤에는 몸통은 인간들의 가구며 집을 지을 때 건축재료로 사용되어 다시 태어나는 기쁨을 얻기도 하며, 나뭇잎들은 추위에 떠는 사람들에게 불을 피워서 따뜻하게 봉사를 해주기도 한다.

운이 좋으면 죽어서도 궁궐 속 임금님의 침소에서 화려한 가구로 호사를 누리게 될 수도 있으며, 사대부 양반집 규수 방에서 장롱으로 다시 태어나 젊은 여인의 은밀한 향기를 즐기는 행복을 누리기도 한다. 어느 놈은 재수가 있어 큰 배로 만들어져 망망대해를 누비고 다니며 세계 곳곳을 구경하기도 한다.

소나무의 삶이 이토록 다른 모습으로 일생을 살아가고 있으며 그 쓰임새가 인간들에게 생명 용품이 되어 베푸는 은혜를 쉽게 알 수가 있다. 우리가 매일 어느 곳에서나 어느 때나 볼 수 있고 만날 수 있는 소나무에 대한 생각을 해보면서 무심코 지나친 소나무의 고마움을 깨닫게 된다.

속리산 보은 땅에 대제학 벼슬인 정2품 품계를 받은 700살 나이의 소나무는 임금님이 이곳을 지날 때 가지를 올려 어가 행차를 알아보고 절을 했다는 전설이 내려오고 있기도 하여, 세조 때 이야기 속에서 그의 충절과 예의가 깃든 겸손한 모습이며 고고한 삶의 방식에 감사한 마음을 배우게 하고 있다.

독일의 민요 중에 자라나는 청소년들이 소나무를 닮길 바란다는 노랫말이 있어서 적어 본다(원래는 전나무였으나 우리 풍토에 알맞게 소나무로 번역되었음).

소나무야 소나무야 너의 색은 정말 푸르구나
눈이 오나 비가 오나 너 항상 푸르구나
내가 널 얼마나 맘에 들어 하는지 너는 알 것이다
겨울이면 너 하나로 아주 기쁘지
너는 여름에만 푸른 것이 아니라 눈 내리는 겨울에도 푸르구나
소나무야 소나무야 너의 색은 정말로 푸르구나

이 노래에서 커 나가는 소중한 자식들을 소나무로 비유한 노래로 싱싱하고 푸른 소나무에게서 희망과 꿈과 용기를 배우고, 비바람이 불어와도 어떤 고난의 세파에도 흔들림 없이 우뚝 버티고 서 있는 소나무처럼 끈기와 인내를 배우기 바라는 부모들의 마음을 읽을 수 있다.

사시사철 풍성한 푸른 잎과 곧게 뻗어난 소나무를 보고 넉넉한 마음과 정직하고 은혜로운 마음을 함께 키워나가길 소망하는 의미를 담아 소나무가 풍기는 가르침을 엮어 본다.

매듭을 풀어라

아무리 가까운 사람들이라도 둘 사이에서 생기는 미움과 서운함 같은 마음의 갈등이 때때로 생길 것이다. 그럴 경우 두 사람 사이의 마음의 간격을 매듭이라고 할 수 있다. 그 매듭이 가족 간이나 혈연 간에 일어나는 사실은 참으로 서글프고 안타까운 일이다.

직장에서 동료들 간이나 상사 또는 부하와의 관계에서도 마음의 매듭이 있을 때 즐겁고 희망찬 직장생활이 어렵게 되어 고통스럽고, 그것이 자칫 좌절하거나 자기함정 속에 빠져 자기 파멸의 실마리가 되는 수도 있으며 그 매듭을 잘 풀어서 성공의 길로 접어드는 문을 열어 기회를 만들어 줄 수도 있다.

그들의 매듭이 왜 생기는 것인가 곰곰이 생각해 본다면 우선 당신을 중심으로 그 원인을 찾아보고 연후에 상대의 입장을 연구해 필요가 있다.

어느 성공한 사업가의 말에 따르면 매듭이 있는 상대를 10시간쯤 생각해 보면 반드시 해법을 찾을 수 있다고 말했다. 나하고 매듭지어진 상대와의 말이나 행동의 형태를 면밀하게 오랜 시간을 따져보아야 할 것이다. 나에게만 강한 어조의 말투라든가, 나를 의식적으로 회피하는 행동이 왜 발생하는가를 곰곰이 생각해야 할 것이다.

퇴근길, 꼭 10시간이 아니라도 몇 시간이고 이리저리 생각해도 좋다.

잠을 자기 전 1시간쯤 그 사람에게서 나타나는 모든 일들을 곱씹으면서 소위 내 스스로 몰입해서 연구하고 분석해서 그 처방을 결정하는 순서로 매듭을 현상과 그 요인들로 정리해 보아야 한다. 물론 그 사람이 나에게 한 말이나 행동을 다시 연상해 볼 때 미움이나 저주가 일어날 수 있으나, 반드시 매듭을 풀어본다는 목적이 있음을 염두에 둔다면 그때부터 실마리는 풀리고 있을 것이다.

불특정 다수와의 관계에서 발생된 매듭의 해결 방안은 내 중심에서만 개선하고 바꾸며 다양하게 변화를 시도해 보는 것이 우선이라 생각한다. 그러나 둘과의 관계에서 마음의 매듭이 아무리 단단하고 모질다 하여도 원한에 쌓인 누대의 적대 관계가 아닌 이상 그 해결은 너무 쉽고 간단한 것인데 우리들은 그냥 지나치고 만다. 더구나 피를 같이한 혈육들 간의 마음에 응어리가 오래 쌓였다 해도, 나를 중심으로 먼저 생각해 보고 그리고 상대의 입장을 정리한다면 전처럼 따뜻한 관계를 다시 찾는 것은 어렵지 않다고 믿는다.

존속을 상해하고 골육 간의 전쟁으로 법정 다툼을 하고 있는 무섭고 슬픈 요즘 세태로 인해 몸서리칠 때가 많다. 모두가 재물 때문인 것이 대부분이기에 그 재물을 버리고 포기하는 마음을 얻기가 쉽지는 않을 것이다. 많은 재산을 모아서 자손들에게 물려주기 위한 부모의 보람이 무참하게 무너진 사례들이 많은 것이 현실이고 보면, 그 재물만큼 같은 분량으로 자식들 간의 매듭과 상처가 깊어지고 커지는 일들을 볼 때 후손들에게 주어야 할 것이 반드시 재물이 으뜸이 아니다. 고기를 잡아주지 말고 고기 잡는 방법과 지혜를 가르치고 물려주어야 하지 않겠는가.

100% 죽는다는 숙명을 안고 가는 우리가 다시 한 번 반성하고 사색하여 스스로를 달래보는 훈련을 해야 한다고 믿는다. 그러나 넘치고 풍족하

고 호화로운 생활 때문이라면 조금 낮추어서, 그릇을 다 채우려 말고 부족하다는 마음을 갖기 시작할 때부터 그 매듭이 풀리는 것이 쉬워진다.

급한 말의 독毒

『명심보감』에 사람을 이롭게 하는 말은 따뜻하지만 사람을 상하게 하는 말은 가시처럼 날카롭다고 했다. 한마디 말을 잘 쓰면 천금 같기도 하고, 한마디 말이 사람을 해치고 독이 되어 상처를 입히고 칼로 베는 것처럼 아프다는 의미다. 누구나 마음에서 일어나는 분한 마음을 나타내는 표현으로 먼저 말과 그리고 행동으로 나타내기 마련이다.

법당에서 백팔번뇌를 벗어내고자 참선을 하고 수행하는 불제자들도 기쁘고 슬프고 괴롭고 화나는 마음을 다스리고자 평생을 불자로 법당의 부처 앞에서 몸을 바쳐 살아가고 있으며, 아무리 성현 군자인들 마음에 오욕칠정五慾七情 속에서 완전하게 벗어나기가 불가능한 것이 모든 인간은 영혼이 깃든 감정의 동물이기 때문이 아닌가 싶다.

심리학자 에릭 에릭슨은 보통 젊은 사람들의 행동이나 사고가 대부분 한쪽 방향으로만 나아가기 쉽고 행동이 직선적인 것에 초점을 맞추는 단선 방향의 생각으로 살아가고 있는 것이 일반적이나, 나이가 들어 성숙한 인생의 후반기에 들어서는 단선적인 경력 추구를 버리고 복선적인 방향 전환이 이루어진 다양한 모습으로 나타나 다채로운 변화가 일어나고 있다고 했다. 삶의 체험을 통해 터득한 발전된 원숙한 모습이라 할 것이다.

중년 이후에는 인간이 성숙한 단계에 이르며, 자기의 에너지를 자기 자신이 아닌 다른 사람, 특히 자식을 포함한 다음 세대에 쏟고 싶은 욕구가 생겨나서 복선의 삶이 나타난다고 했다.

에릭 에릭슨의 이론이 아닌 내 경험으로도 특히 노년기에는 사람과 사람 사이의 배려가 타인에 대한 삶의 가치 인정에 더욱 비중이 커지는 복선의 방향으로 흐르고 있음을 알 수 있게 되었다. 나이가 들면 단순하게 살아야 한다는 말은 맞지 않다. 나이가 들수록 다채롭고 끊임없이 변화해야 한다는 것이다. 바로 완숙기의 인생에서 남을 보살피고 남에게 베푸는 삶의 중요한 요소가 되어 가야 함을 알게 될 것이라 생각된다. 내 이웃을 내 몸과 같이 하라는 말은 자신을 진정으로 사랑하는 법을 배울 때 타인을 진정으로 배려하고 사랑하는 능력도 함께 길러진다는 의미가 아닌가.

흔히 생활 속에서 참으로 사소한 일이나 아무 쓸모없는 사건들에 부딪혀 급한 말을 함부로 내뱉고 만다. 만일 내 입에서 떠나버린 말의 독소가 상대의 마음에 부딪혀서 상처가 되고 그 흔적을 남기게 되며, 나아가서 원망의 화살이 되어 반드시 내게로 다시 돌아와 마침내 서로를 죽이는 독화살이 되어 극단적인 싸움으로 이른다고 생각해 보자. 가벼운 말의 독이 얼마나 처참한 재앙의 씨앗이 되는가를 쉽게 알 수 있을 것이다.

말만 잘해도 성공한다는 내용의 글을 쓴 적이 있다. 그러나 이번의 내용은 급한 성격의 모습으로 내뱉는 하나의 증표로 말의 독소는 우리 주변에서 자주 발생하는 화마의 씨앗이 되고 있다는 글을 쓰고 있다.

설령 두뇌가 명석하고 날카로워서 또는 성격이 급하다고 한 사람들이 뱉어내는 말의 독소가 차라리 성격이 무디고 아둔한 사람의 어눌한 표현보다 훨씬 못하다는 사실을 곧장 체험하게 될 것이기 때문에 끝내는 후회하고 반성하게 된다. 보통 급한 성격의 소유자들에게서 많이 보는 현상이다.

성숙기에 접어든 사람이나 완숙기에 들어선 사람일지라도 이런 어리석음을 범하고 사는 것이 또한 삶의 향기라고 아무리 예쁜 포장으로 변명을 할 수도 있겠으나 듣는 타인에게는 말의 독소가 상처가 되고 만 무서운 사실을 쉽게 잊어버리고 있다.

자신의 말이 불길과 같아서 남을 태우기 전에 제 몸과 마음을 먼저 태우고 만다는 불가의 법구경이 있다. 마른 섬에 불을 지르듯 말의 독소가 남을 태우기 전에 스스로를 먼저 태워버리고 만다는 그 어리석음을 교훈으로 삼아야 할 것이다.

꼭 전달하고 싶은 말이나 행동은 잠깐 멈추고 세 번 생각한 후에 말하고 행동해야 한다는 가르침이 있는 것이다. 말의 칼날에 찔려서 난 상처를 치유하고 아물게 하기 위해서는 많은 시간과 공간이 필요하고 나서야 회복된다는 사실을 알아야 한다.

지혜로운 지도자나 상사들의 예를 들자면, 유럽 대륙을 평정하고 중앙아시아까지 정복했던 나폴레옹도 부하들과 참모들에게 명령하고 지시할 때 반드시 분노의 감정을 지우기 위하여 침상에서 책을 읽고 말의 안장 위에서 눈을 붙인 뒤 화장실에서 거듭 생각하고 전술과 전략을 하달하였다고 했다. 그래서 그의 군대는 항상 사기가 충천했고 아무리 악천후 전투에서도 적군을 물리칠 수 있었다고 한다.

자칫 분노의 감정을 나타내는 급한 말은 자기에 대한 자부심에 상처를 입었다는 불만의 표출이며, 진정한 내면세계의 진실을 덮어버리는 잘못을 뜻하는 것이라 생각한다.

대체적으로 우리나라 사람의 성격이 급한 것이 동양권에서도 가장 심하다고 한다. 일본과의 형사 고소 사건을 비교해 볼 때 150배나 많고, 민사 소송 건수 또한 6배나 많아 일본 국민보다 월등히 급한 국민성을 드러내고 있다. 고소 사건 중에서도 80% 이상이 기소조차 되지 않는, 아니면 말고 식의 고소의 홍수가 우리 국민들의 분노에 찬 급한 성격의 단면이 아닌가 생각한다. 이는 진정으로 자기 내면을 파괴하는 꼴이 되고 마는 것이다.

이런 독소의 말과 행동이 건강한 자아를 형성하는 데 치명적인 방해 요소인 것이다. 인격을 도야하고 품격을 높이기 위한 아름다운 삶을 위하여 꼭 마음에 새기고 살아야 할 것이다.

어느 순간 자신의 잘못된 생활방식을 크게 뉘우치고 후회하며 스스로를 돌아보며 반성하게 된다. 학교에서 교육받고 사회생활을 하면서 부딪치고, 느끼고, 배워 가면서 잘하고 잘못된 것들을 구분해서 스스로 인지하고 있는 사람들은 그래도 희망이 있는 부류에 속한다.

그러나 어떤 일을 잘못하고 있는 것조차도 모르고 살아가는 사람들이 있기에 서글픈 일이며 그들의 앞날이 매우 걱정스럽고 두려워지는 것이다. 물론 그들의 미래는 어둡고 절망스러울 뿐이다.

자기의 잘못된 부분을 알고 있으면 그것만으로도 변화가 시작되고 있는 것이다. 잘못을 고쳐서 새로운 것으로 변화시켜 나가는 지혜로운 사람들의 성공 일화는 너무 많이 있다.

기독교의 신자들이 주님의 가르침에 따라 남을 사랑하고 사회에 이롭게 사역하고 지난날의 잘못과 죄를 씻어내는 일이 천선하는 일이며, 부처님의 설법에 따라 중생을 구제하고 사랑을 베푸는 아름다운 업을 이루기를 열망하고 있는 불자들 또한 개과천선하고 있다고 하겠다.

한때 세상을 떠들썩하게 했던 조직폭력 두목인 김태촌이 무기징역수의 수감생활 중에 주님을 믿으며 귀의해서 지난날의 죄를 뉘우치고 반성하며 회개하는 실상을 어떤 수기에서 읽었다.

그의 개과천선의 과정이 얼마나 아름다웠는지 매우 감동적이었다. 그의 옆에서 이끌어주고 사랑으로 안아주었던 아내인 이영숙 씨의 숭고한 사랑의 큰 힘이 한때는 사회의 어두운 그늘에서 폭행과 살인까지 저지른 무기수를 천사의 마음으로 변화시키는 내용의 글은 나의 눈시울을 뜨겁게 하였다.

아무리 작고 사소한 실수일지라도 그것을 고쳐 나가고 바로잡는 일부터 시작한다면 그는 꽃처럼 고운 마음으로 살아가는 천사가 되어 가고 있을 것이다.

잘못된 행동이 꼭 어떤 범죄를 지지르거나 남을 해롭게 하는 일들만을 뜻한 것이 아니라 스스로의 마음으로 판단해서 하지 말아야 할 일들이 작고 사소한 일까지 포함하여 과오라고 규정해야 한다.

예를 들어서 남에게 상처를 주는 말이라든지 남을 미워하는 마음, 남을 시기하거나 질투하는 마음, 함부로 쓰레기를 버리는 마음처럼 같은 작은 것들까지도 과오로 여겨서 깊이 반성하고 고쳐 가는 일이 개과천선의 시작이라 생각한다. 아무리 늦었더라도 새로운 인생의 출발점이 되어서 마침내 밝은 미래와 알차고 성공한 인생을 만들기 때문이다.

젊음이란 변화와 창조의 원동력이다. 젊음은 무한한 가능성과 힘과 사랑을 갖고 있다. 그들은 고통조차도 사랑하고 극복할 수 있는 용기를 갖고 있다. 이 세상에서 젊음만큼 아름답고 빛나는 이름이 어디 있겠는가. 젊음은 인생의 미지의 문턱에서 한 발을 내딛고 오직 꿈과 열정으로 앞으로 치닫는 그 가능성이야말로 찬미 받아야 마땅하다.

젊음은 때로는 비록 도전할 수 있는 희망이 있기 때문이다. 때로는 깊이 상처입고 때로는 방황하고 절망에 몸부림쳐도 그래도 아름답기만 하다. 어쩌다 실수를 해서 진흙탕 속에 빠졌어도 냇물을 찾아가서 다시 몸을 씻을 수 있어 좋으며, 비록 태산처럼 버티고 서 있는 빽빽한 벽 안에서 움츠리고 두려워하거나 설혹 부딪쳐서 쓰러지더라도 그 모습이 아름답기만 하다.

젊음 하면 떠오르는 인물이 있다. 남이 장군이다. 조선 초기 태종의 외손자로 17세에 무과에 장원급제한 곧고 강직한 성품인 그가 여진족을 토벌하고 돌아온 길에 지은 시가 있다.

"백두산 돌이 닳도록 칼을 갈고, 두만강 물이 마르도록 말에 물을 먹이며, 사내 나이 20세에 나라를 편하게 지키지 못하면 후세에 누가 대장부라 하리요."

이러한 포부를 밝혔으니 이 얼마나 웅장하고 멋진 대장부의 모습인가.

같은 서출이자 친구인 유자광의 잔꾀에 넘어가 역적으로 몰려 26세에 처형당하였으나 그 일생이 얼마나 크고 장엄한 사나이의 포부였는가. 바로 젊음이 내뿜는 포부였으며 향기가 아닌가.

젊음의 앞에서 두려움이나 주저함도 무서워서 피해 갈 것이며 오직 희망만이 함께할 것이라 믿는다. 성서에도 1년 365일 동안 두려워하지 말라는 경구가 성경책 한 권 안에 365번이나 쓰여 있다고 했다. 희망을 멀리에 두고 보지 말고 항상 가까이 곁에 두며 함께하라고 했으니 젊음이란 얼마나 멋있고 아름다운 말인가.

영국 시인 로버트 브라우닝은 인생은 그가 하고자 하는 일이 무엇이냐에 따라 멋있고 아름다운 것이라 했다. 꿈을 위하여 결연히 내딛는 그대의 발걸음이 당신이 그리며 그토록 원하고 꿈꾸던 일이라면 용기를 내어서 두려워 말고 걸어가도록 하자.

살아온 세월마다 살아갈 세월이 더 많이 남아 있는 젊음은 남의 이목에 끌려다니지 말고 자신이 선택하고 자신에게 맞다는 결심에 긍지를 지니며 살아야 한다. 그 길이 비록 가시덤불과 날카로운 돌길이라 할지라도 헤쳐나갈 값어치가 있다고 믿는다. 그 고통조차도 아름다우며 반드시 큰 값으로 되돌려 받을 수 있을 것이다.

우리 가요에 가버린 젊음을 애통해하는 노랫말에도 '청춘을 돌려 달라'며 울부짖는 대목이 있다. 귀밑머리가 하얗게 이르면 누구나 지난 시절을 뒤돌아보며 젊은 시절을 그리워하게 된다.

나는 항상 젊음만을 예찬하지는 않는다. 반면 늙음에도 짙게 묻어나는 삶의 향기가 있음을 알아야 한다. 늙음이 그저 오는 것이 결코 아니기 때문이다. 왜냐하면 수많은 병마와 싸워 이기고 뜻하지 않은 사고에서 벗어났으며, 삶의 전쟁에서 승리해서 오늘에 이른 승리자이기에 때문이다. 그 늙음에서 풍기는 향기야말로 오만 풍상을 견디어 낸 보배로운 냄새라 여겨진다.

어느 설문조사에서 젊은이들에게 노인에 대한 느낌을 묻자 냄새나는 사람이라는 답이 70%였다고 해서 나는 고소를 금치 못했다. 젊음이 용기와 투지의 상징이라면, 늙음은 지혜와 포용의 상징이라 해도 틀린 말이 아니기 때문이다. 젊은이에게 두려워 말고 용기를 내어 도전하라고 한 격려의 의미는 설사 실패하더라도 다시 할 수 있는 기회가 충분하기 때문일 것이다.

영국의 총리 윈스턴 처칠 경이 옥스퍼드 졸업생들에게 한 졸업축사에서 '처음부터 끝까지 두려워하지 말라'는 말만 7번이나 되풀이하고 단상에서 내려왔다는 유명한 이야기는 길고 먼 길이 앞에 있는 젊은이들에게만 맞는 충고였으며, 격려의 가치가 있기 때문이다.

그러나 그 젊음의 시절도 세월이 지나면 황혼의 해 질 녘에 들어설 수밖에 없지 않은가. 그래서 늙음의 대열에서 또 다른 색깔의 빛을 내며 또 다른 진한 냄새를 지닌 늙음의 향기를 몸에 묻히며 살아가야 할 것 아닌가.

노인학 연구 분야의 한 학자는 노인이 되어 가는 사람의 50% 이상이 퇴화만을 보이며 물리적인 변화를 하면서 죽음을 맞이하고 있으며, 40%는 그럭저럭 한계 생산의 체감 법칙을 벗어나지 못하고 살며, 10%의 소수만이 자기실현을 보여주고 있다고 했으며, 10%의 노인은 물리적으로 오히려 회춘을 경험한다고 했다.

노인의 성장은 제3 연령기에 가능하다고 보며 변화를 바라며 새로운 창조의 능력까지 기르고 있다고 한다. 노인은 위험을 피하고 싶으며 불확실한 미지의 것에 대한 두려움 때문에 쇄신에 대한 의욕을 박탈당한다고 말할 수 있으나, 젊음은 자유와 변화가 무한대라 두려움이나 불확실한 강박관념 따위는 가까이 접근하지 못하고 피해 가고 있다. 젊음의 진하고 독한 향기가 내뿜고 있기 때문이다.

젊음의 향기를 마음껏 내뿜지 못하고 늙어지면 늙음의 냄새가 타인은 물론 가까운 혈육까지도 외면하고 싫어하게 되는 악취로 변하여 비통한 말년이 되고 말 것임을 깨달아야 할 것이다.

죽음이 당신의 문을 두드릴 때 그를 결코 빈손으로 돌려보내지 않으리라는 인도 시성 타고르의 말처럼, 먼 훗날 머리가 백발이 되어서 슬퍼하고 후회하는 어리석음을 범하지 않도록 지금부터라도 빛나는 희망을 곁에 두고 찬란한 미래를 꿈꾸면서 당신의 젊음과 함께 보내야 할 것이 아닌가.

이로운 여인, 해로운 여인

조물주가 인간을 만들기를 남성과 여성으로 구분하여 세상에 내놓았다. 이들이 서로 합하여 한 쌍을 이루고 평생을 함께하도록 만들어 우리는 흔히 천정배필天定配匹이라 하여 하느님이 맺어준 부부라고들 한다.

여기에서 남자가 어떤 여인을 만나느냐에 따라 그의 운명이 크게 달라지는 것을 수없이 보아왔고 나 또한 경험한 바 있어, 그동안 느끼고 경험한 것을 진솔하게 고백해 보고자 한다.

옛 어른들이 이르는 교훈에 세 가지를 조심해서 살면 중간 정도의 인생을 보낸다고 했으니, 그것은 첫째 남성의 성기요, 둘째는 입이요, 셋째는 잡기라 했다.

옛날이나 현대나 남자들이 미인을 찾아 애쓰며 추구하고 갈망하는 것이 당연하나 지나치게 집착하여 쾌락과 즐거움을 좇아서 탐닉하는 남자의 성기는 파멸의 구렁이로 빠지기 쉬울 것이며, 함부로 내뱉는 말 또한 앞길을 가로막는 장애물이 될 수 있다는 의미이다. 또한 횡재를 바라는 잡기는 자기의 재산을 탕진하는 길이라는 교훈적인 격언이라 생각한다.

흔히들 요행을 바라는 경마장이나 화투놀이 또는 카지노 게임에서 가산을 탕진하고 소중한 목숨까지 버리는 사례를 쉽게 보았다. 적어도 요즘 남자들이 경계하고 멀리해야 할 사항임에는 틀림없다. 세 가지 조심해야 할 것들을 하나씩 벗어던져 버리면 당신은 그때부터 평균 점수 이상을 사는 인생으로 변하기 시작할 것이다.

아내가 남편을 성공으로 이끌어낸 이야기로, 바보 온달이 선화 공주를 아내로 만나 글을 깨우치고 무예를 단련하여 마침내 훌륭한 명장이 되고 나라의 재상까지 오른 역사적 사실은 너무 유명한 일화이며, 욕심과 허영에 휩싸여 단란한 가족을 조각내고 남편의 출셋길을 가로막는 악처 이야기 또한 요즘에 흔하게 듣는 일이다.

젊은이들이 사랑하고 연애할 때는 순간에 반하여 소위 느낌이 좋아서 싹을 발견한다고 하는데, 그 싹을 지켜보는 시간이 필요하며 관찰하고 냉정하게 판단하는 마음을 가져야 할 것이다.

지혜롭고 총명하며 따뜻한 상대를 얻어야 당신의 미래가 보장됨을 기억하자. 내게 이로운 여인은 재물을 가지고 도움을 주는 것이 아니라 봉사와 희생으로 남편을 생각하는 슬기로운 마음이 갖추어져 있는 사람이어야 한다는 것이다.

부부가 되어 사랑을 나누는 일에도 상대의 기운을 지나치게 앗아가는 욕심 있는 사람은 나에게 또한 해로운 사람이 되고 말 것이다. 상대방의 몸을 염려하여 적당히게 서로를 다독거릴 때 내일의 기운을 남겨 두게 되는 여운이 있는 아름다운 사랑놀이가 아니겠는가.

요즘에는 세 여자 말은 꼭 들어야 한다는 우스갯소리가 있는데, 하나는 아내의 말이요, 둘은 어머니의 말이고, 셋은 내비게이션의 말이라고 한다. 우리가 들어야 할 소리 중 평생을 함께하고 있는 아내가 하는 말의 의미가 참으로 높고 크다고 나는 생각한다.

지금까지도 칭송받고 추앙받고 있는 신사임당의 일생의 면모에서 자식과 남편을 위한 봉사와 희생이 바로 율곡 이이 선생을 키워냈음을 한번 생각해 볼 일이다. 무한한 사랑의 본능으로 자식 기르기를 으뜸으로 여기며 엄격한 규율과 자제를 자식들에게 가르치고 인내함을 배우게 하는 훌륭한 어머니의 모습을 오늘날에도 찾아볼 수 있다. 세계적인 음악 가족을 일구어낸 정명화 · 정경화 남매들의 성공 비화 뒤에 그의 어머니의 헌신적인 노력이 숨어 있었다는 일화는 너무도 잘 알려져 있다.

남자들의 자존심이 서기도 하고 쓰러지기도 하는 아내의 말의 위력이 얼마나 큰지 경험해 보았으리라 믿는다. 당신은 최고의 남성이며, 당신은 무엇이든지 할 수 있으며, 당신의 능력은 무서우리만큼 넉넉하고 세다는 격려의 말을 들을 수 있는 남편은 거의가 성공하고 있는 인생을 살고 있으며, 반대로 남편을 무시하고 경멸하는 말을 자주 내뱉는 여자와 사는 남자들은 거의가 사회생활에서 뒤따라가는 인생 속에 들어가는 것을 나는 주변에서 많이 보았다.

당신은 지금 도움받으며 이로운 여인과 지내고 있는지, 아니면 해로운 여인과 지내고 있는지 꼼꼼하게 다시 따져 보아서 냉정하게 자신을 살펴보아야 할 것이다. 불행하게도 후자와 살고 있다면 함께 부부 클리닉에 찾아가거나 정신과에 가서 상담을 받아야 할 것이다.

당신이 만약 소위 바람을 피우고 즐기는 상대를 찾아가고 있다면, 비록 일시적이라 하여도 뒤로 미루지 말고 마약을 끊어 내듯이 멈춰야 함을 명심해야 한다.

욕구불만欲求不滿

사람의 욕심은 끝이 없다고 했다. 욕심의 그릇을 가득 채우고 난 사람은 어떤 사람일까. 과연 욕심을 다 채우고 사는 사람이 있을까. 항상 웃음이 가득하고 마음은 온천처럼 따뜻한 물이 항상 끝없이 솟아오를까. 욕심을 다 채우고 만족해하며 지내는 사람이 과연 있을지 궁금하기만 하다. 욕심이 있어서 빈 그릇을 채우려고 더 많이 주워 담고, 더 가까이 다가서려고 달려가고, 더 높은 곳에 오르려고 뛰어가는 삶이 인생살이인 모양이다.

도를 닦고 참선을 하며 무소유를 업으로 하고 사는 불제자들의 마음에는 욕구불만이란 존재하지 않을까. 아니면 성직자들인 사제의 마음속에는 욕심이란 없을까. 역사적으로 볼 때 이 욕심 때문에 크게 살상을 하는 전쟁이 일어났으며, 이것 때문에 욕심을 채우지 못했다고 여기며 스스로 생명을 버리는 자들이 얼마나 많은가.

욕구가 불만족한 것이 발전의 동기가 되고 원동력이 되어서 문명을 발전시키고, 작게는 자신을 승격시키는 힘이 된다고 본다면 욕구불만은 꼭 부정적인 의미로만 폄하할 수만은 없다. 이를 해소하기 위한 몸부림이나 노력이 한층 더 자기를 발전시키고 사회를 이롭게 하는 밑거름이 될 수도 있기 때문이다.

먹고 배설하고 잠자는 세 가지의 기본 욕구는 태아에서부터 일어나고, 의식이 점점 깨우쳐질 때부터 함께 자라는 욕심은 만물의 영장인 인간이기에 당연한 순서라 여겨진다. 어떤 장애에 의해서 욕구의 만족이 저지되고 있는 상태, 즉 욕구불만의 반응에는 공격적 반응, 대상적 반응, 퇴행적 고착적 반응, 억압적 반응 등이 있다고 한다. 욕구불만에 견디는 힘은 개인에 따라 다르다.

로렌바이크는 좌절에 견디는 개인의 능력으로 욕구불만을 '좌절 내성'이라고 불렀다. 욕구의 수준 또는 욕구의 종류에 따라 욕구가 저지되는 것이다. 여기에서 나는 욕구불만의 공격적 반응에 대한 현상을 자주 보았다. 음식을 먹는 모습이나 속도 등이 뚜렷하게 다른 분이 있다. 마치 무엇에 쫓기는 듯한 모양으로 허겁지겁 식사를 하는 분은 며칠씩 굶어 허기에 차서 배고픔을 해결하는 분이 있겠으나 또는 가슴속에 내재된 욕구를 밖으로 배설하지 못하여 먹는 데 집중함으로써 욕구 해소를 만들어 가는 부류가 있다. 이들의 모습이 얼마나 추하고 불쌍하게 보이는지 자신은 모르고 지나치고 만다.

또는 선의의 말이나 타인의 도움을 이유 없이 거절하거나 아니면 오히려 트집 잡아 공격하려는 행동을 나타내는 자가 있다. 마치 반골 의식 속에 사는 사람으로 보이게 되는 것이다. 그런 욕구불만에 찬 사람들은 무섭고 두려운 존재로 보이게 되어 사람들이 멀리하려고 든다. 흔히 체제를 비판하고 사회를 탓하고 또는 정치 지도자를 헐뜯으며 반사회적 행동을 하는 자들이 그 대표적인 예인 것이다. 심하면 이들은 규범이나 상식이 통하지 않는 위험한 집단 속에 갇혀버린 사람이 되고 만다.

욕구불만은 좌절 또는 인내 위에 좌절이라고 했듯이 좌절의 상황을 인내하지 못하고 밖으로 표출시키는 행위라 했다. 욕구불만이 쌓이면 흔히

스트레스에 마음이 상하고 또 나아가 몸까지 망치는 무서운 마음의 그늘에 휩싸이게 된다.

그래서 욕구불만의 해소 방법으로 먹는 데 집중하거나 때리고 부수며 파괴시키는 방법을 찾기도 하는데, 유명한 어느 회사에서는 지하실에 때리고 부수는 기물을 설치해 놓고 사원들에게 휴식 공간을 제공하고 있다고 한다. 그래서 사원들의 마음을 가볍고 밝게 만들어서 생산성 향상에 큰 성과를 거두었다고 들었다.

우리가 욕구 없이 제자리에서 안주하려는 태도 또한 권할 바가 아니며, 욕구가 동기가 되어 한 단계 상승하는 자신을 만들어 가야 함은 누구나 바라는 바이며, 자신을 조정하고 인내하려는 노력이 함께 요구되는 것이다.

시간을 아끼고 또 아껴라

한국동란 이후 1950년대에 우리나라는 모든 물자가 부족하고 사회가 불안정하여서 초등학생인 내 눈에 비친 모든 것들이 지금 생각하면 쓴웃음이 나오곤 한다. 몽땅 연필을 사용하고 짚신을 신고 살아야 할 서민들이었기에 그 자녀들의 학업의 열악한 상황을 보여주는 한 예가 있다.

하굣길에는 짚신을 신고 고무신을 보자기에 싸매고 가는 아이들이 있는가 하면, 연필이 빨리 닳아지니 글씨 쓰는 것을 아껴가며 공부하는 아이도 있었고, 밤에는 석유가 많이 줄어드니 늦게까지 공부하지 말고 일찍 잠자야 한다는 아이도 있었다. 물론 사회 전체가 빈곤하고 물자가 가난한 나라의 탓도 있었으니 지금의 천지가 개벽된 세상에 사는 사람들은 이해하기가 어려울 것이다. 그러나 변하지 않는 것이 있다면 그 당시의 절약정신은 아직도 본받아야 할 일임에 틀림없다.

흔히들 요즈음 가정에서는 전기 소등이나 가스 · 수도의 잠금장치에 관심이 많아서 불필요한 소비를 줄이려는 알뜰한 주부들이 많이 있는 것은 그래도 다행스러운 일이다. 돈을 아끼고 씀씀이를 줄여가는 절약 · 근검 정신이야말로 높이 평가받을 만한 것이나 시간을 아끼고 저축하는 마음이 부족한 것이 흠이라 생각한다.

대부분 사람들이 시간을 어떻게 아끼고 절약하느냐 의문할 것이나 내

주머니에서 새어 나가는 돈은 많고 적으나 상관없이 아깝고 소중하게 생각하면서 한 시간, 두 시간, 하루, 이틀을 생각 없이 보내고 허비하는 것을 보통으로 여기면서 지나치고 있다는 것이다.

시간이 돈이라는 말을 자주 들었으나 오늘 해야 할 일을 늦추어 내일로 미루는 것이 바로 오늘의 시간을 돈으로 환산해 보거나 아니면 한 시간, 1만 원 또는 1천 원으로 미리 정해 두고 무료하게 보내버린 시간을 환산해 본다면 얼마나 아까운 내 재산을 버리고 있는지를 실감할 것이라 믿는다.

돈을 아끼고 절약하고 지내면 저 사람이 짠돌이니 인색한 사람이라고 힘담하거나 흉을 보게 되지만, 시간을 아끼고 사는 사람에게는 그 사람이 매우 바쁘게 사는 부지런한 사람으로 누구도 핀잔을 주거나 험담하지 않기 때문에 마음이나마 편안하게 가질 수 있을 것이다.

예전에는 신분 상승의 제일가는 출세의 문으로 '고등고시'라는 제도가 있었다. 전국 수제들의 최고 등용관문인 셈이다. 사법, 행정, 외무고시 3과가 있어 한 과에 합격하기에도 하늘의 별 따기라 할 만큼 좁은 문으로, 전국의 모든 영재들에게는 꿈의 관문으로 여겨지고 있었다. 그 관문을 세 가지 모두 합격한 한 젊은이에게(지금은 국회의원임) 합격의 비밀을 알려 달라는 기자들이 질문하자 그의 대답은 지금도 기억이 생생하다.

절대로 자기는 두뇌가 명석하거나 운이 좋은 사람이 아니라 시간을 아끼고 절약하며 나아가서 그 시간을 쪼개 쓰는 길이야말로 바로 자기가 합격할 수 있었던 비결이었다고 밝힌 바 있다. 잠자는 시간을 아끼고 줄였으며 심지어는 밥을 먹은 시간을 줄이기 위하여 오래 씹어야 할 딱딱하고 질긴 음식은 피하였다는 상상할 수 없는 속 이야기를 한 바 있다. 그분의 어머니가 아들이 빨리 식사할 수 있는 음식을 준비하였다는 웃을 수도 울 수도 없는 비화를 밝힌 바 있었다. 20여 년 전의 일이었으니 지금까지 그

분이 시간을 쪼개면서 지내 오셨다면 아마 노벨 수상자나 세계적인 위대한 인물이 되었을 텐데 하는 재미있는 상상도 해본다.

사람들이 돈지갑을 잃었거나 도둑맞을 때 경찰서나 파출소에 분실 신고를 반드시 한다. 그러나 시간을 잃었거나 빼앗겼을 때도 분실신고를 한다는 생각을 해보았으면 한다. 내가 잃어버린 한 시간을 10만 원으로 책정해 놓고 두 시간이면 20만 원을 잃었다고 생각하면 억울하고 화가 날 것이 확실하다. 하물며 한 달이나 1년을 무료하게 허송세월한다고 가정하면 수백만 원, 수천만 원의 재산을 날려버린 꼴이 되지 않는가.

잃어버린 30년이란 대중가요가 한반도의 분단된 조국의 아픔을 하소연하는 노랫가락이기도 하나 경제적인 손실을 시간으로 환산한다면 국가의 천문학적인 손실 또한 부정할 수 없는 사실이 아닌가.

우스운 말일지라도 시간을 잃었다고 화가 나고 속상한 생각이 든 사람이라면 그때부터 당신은 성공의 기차에 몸을 실은 사람이 되었다고 믿어도 좋다. 현금이나 금덩어리를 잃어버리고 화내고 속상해하는 마음이 시간을 허비하고 빼앗기고도 감각이 둔해서야 되겠는가. 오늘부터라도 시간을 돈으로 환산해 보며 아껴 쓰는 습관을 지니기 바란다.

소나무와 대나무

오월의 마지막 문지방을 넘어서고 있으나 지구의 온난화 현상으로 여름이 이내 짙어가고 있는 날씨로 한낮의 기온은 30도 안팎으로 더위가 기승을 부리고 있다. 계곡의 울창한 숲이 검푸른 색으로 두껍게 포장되고 있어 무섭고 장엄한 모습이 공연한 두려움을 일으키고 있어서 호기심 때문에 그곳으로 발길을 옮기게 된다.

순하고 순한 소나무며 전나무의 곧고 평화스러운 삶의 터전은 아무런 욕심이 없이 하늘만의 텅 빈 공간을 향하여 그 기운을 뿜어내고 있다. 지난 겨울철의 옷을 벗어버리고 알몸을 드러내면서도 이웃 나무들과 속삭이듯 평화롭게 오순도순 살아가며, 칼날 같은 겨울 찬바람을 견디어 온 강인한 모습은 이미 찾을 길이 없어지고 진하고 두꺼운 푸른 옷으로 칭칭 몸을 감싸고도 이 더위에 불평 한마디 없이 얌전하게 살아가고 있는 모습에 저절로 고맙고 감사한 마음이 일고 있음은 나에게 어떤 교훈으로 삶을 가르치고 있구나.

소나무는 은혜를 아는 나무로 살아서는 가지와 열매를 불태워서 인간에게 땔감으로 보답하며 따뜻함을 선사하고, 죽어서도 집이나 대궐을 세우는 기둥으로 헌신하며 몸을 쪼개어서 깎고 다듬어져서 아름다운 가구나 공부하는 청소년들의 책상으로 봉사하기를 기꺼이 하고, 넓은 바다를 항해하는 배를 만드는 데 헌신하여 은혜에 보답할 줄 아는 고귀한 일생을 사는 나무가 아니던가.

그 성품은 곧고 강직하여 남을 해치는 일이 없이 하늘로만 향하여 이웃을 배려할 줄도 아는 도량이 넓은 품격을 지녔고, 몸이 무거울 때는 곁가지를 부러뜨려서 몸을 가벼이 하고 거센 바람에도 적당히 견뎌내는 겸양의 미덕과 인내력을 갖추고 있지 않은가. 또한 소나무의 사후 세계는 얼마나 호화를 누리며 살고 있는지, 예쁘게 몸단장을 하고 궁궐 속 임금님 안방에서 가구로 다시 태어나서 임금님의 은은한 사랑놀이를 곁에서 엿볼 수도 있을 것 아닌가.

우리 인간의 사후 세상 또한 소나무의 일생과 닮아진다면 생전의 헌신과 봉사와 사랑의 삶이, 사후의 영생과 평안의 삶이 어찌 고귀하지 않겠는가. 종교에서 내세우고 있는 천당과 극락 세상이 마치 소나무의 사후 삶과도 흡사하다고 생각된다.

숲 속 길을 따라 들어서니 어느 돔에서는 대나무들의 동네가 자리하여 이웃 소나무 마을에 버금가는 풍요로운 집단이 형성되어 있어 그 조화로움이 한결 돋보이게 하고 있다.

이 산이 중국 전설에 나온 곤륜산에 있는 옥으로 쌓인 옥돌산에 백 년을 살아야 꽃을 피운 다음 그 열매를 봉황새만 따서 먹는다는 참대나무 숲이 아니더라도 이슬만 먹고 산다는 참대나무 숲이었으면 하고 공허한 상상으로 빠져본다. 저 대나무가 일백 년을 살고 꽃을 피울 때 아름다운 강산江山으로 이루어진 이 나라 우리 사회가 헐뜯고 시샘하는 모습이 사라지고 따뜻하고 인정이 넘치는 아름다운 세상으로 변했으면 얼마나 좋을까 진심으로 염원해 본다. 대나무 열매를 봉황새도 따먹고 나도 따먹으며 전설 속의 보배산인 곤륜산에 사는 인간이 되고 싶다.

대나무는 나무도 풀도 아니면서 자신의 생존을 위하여 바람 부는 방향에 따라 이리저리 흔들리면서 강한 자에게는 머리 숙일 줄도 아는 겸양의 지혜를 가지고 있기도 하며, 높은 기상으로 옳은 일에는 굽히지 않는 곧고 강직한 성품을 지니고 살기에, 외교적 삶의 이치를 깨우쳐주는 현대에 와서는 국가 간의 대나무 외교라는 이야기도 있다고 한다.

생각하고 몸으로 체험하여 느낀 보배로운 글을 쓰고 남기어서 백 년 뒤의 후손들에게 남겨줄 수 있는 글을 쓰고 싶다. 가까이에는 자식들에게 곧고 강직한 성품을 내보이며 지금까지 그 아이들을 위하여 자유를 억누르고 헌신과 눈물의 세월을 참아내며 그것마저 즐겁게 수용하는 부성父情으로 참대나무 같은 세월을 보내며 앞으로도 순응하고자 한다.

욕심을 내어서 소나무처럼 강직하고 대나무처럼 겸양의 미덕을 지닌 아름답고 고귀한 인간으로 살아주기를 간절하게 소망하는 아비로 기억되기를 바란다.

금지옥엽金枝玉葉

고슴도치도 새끼를 낳으면 자기 새끼가 세상에서 제일 예쁘고 잘나서 소중한 자식으로 키운다고 했다. 하물며 인간들은 자식을 낳으면 불으면 날아갈까 바람에 넘어질까 애지중지하며 키워간다.

부모들은 자기 자식을 금지옥엽이라 일컬으며 세상에서 가장 귀하고 소중한 사람이라 생각한다. 금 나뭇가지에다 옥돌로 잎사귀를 달아놓은 그 금지옥엽의 나무가 바로 당신인 것이다. 나를 낳아주신 매끄럽던 나무껍질이 쪼개지고 갈라져서 부모의 나뭇결이 무섭게 거칠어지고 몸통이 휘어지고 상처를 입어도 당신만은 금빛 찬란한 금가지에 옥빛처럼 푸르고 맑은 잎사귀를 매달아 놓으며 지금까지 먹이고 입히며 가르쳐 오신 것이다.

현재 당신은 당신의 부모에게는 희망과 꿈이며 행복이다. 당신의 금나무의 옥 잎사귀에서 다이아몬드나 루비 같은 보석 열매가 영글기를 당신의 부모님은 기다리고 계실 것이다. 지금 당신을 돌아보라. 내 몸에 몇 개의 열매가 영글고 있으며 어떤 보석을 매달 수 있을지 말이다.

꽃망울을 머금고 오는 봄을 기다리며 멋진 삶이 이어지고 있는 희망찬 시절을 보내고 있는가, 아니면 금 나뭇가지가 부러지고 옥돌 잎사귀가 낙엽 되어서 길바닥에 뒹굴고 짐승들이나 사람들의 발에 짓밟히고 있는

가. 한번은 정신을 가다듬어서 자기를 성찰하고 반성해야 할 것이다.

어느 유명한 인간계발 전문가의 책을 보았다. 그분의 제일성으로는 자신을 사랑하라고 했다. 오른손을 왼쪽 가슴 심장 위에 얹으며 자기를 사랑하는 마음에 불을 지르라고 했다. 예를 들어 자기 이름을 부르면서 "나는 너를 진심으로 사랑한다"는 외침을 거듭하면 스스로 자신이 귀하고 소중한 존재가 되어 간다는 느낌을 얻는다고 했다.

그런 방식으로 매일 반복적인 외침을 10번씩 할 때 놀라운 용기와 힘이 솟으며 매사 귀찮고 힘들어서 무관심했던 일이 재미있고 가치 있게 생각이 바뀌는 현상이 일어났다고 한다. 그 결과 자존감이 싹트며 의식이 서서히 변화되어서 그 수준을 한 단계 높여 간다고 했다. 생각의 수준을 높이고 그 틀을 한 단계 높여 감에 따라 당신은 사색의 능력이 생성되고 고대 사상가인 소크라테스의 삶의 철학과 햄릿의 인생 고뇌의 성에 한층 가까워지리라 믿는다.

사람에 따라서 다르리라 생각되지만 과연 수치로 계량해서 100점에 가까운 인생이 존재할까. 그 만점을 얻고자 힘들게 살아가고 있을 것이다. 자기를 사랑하기 전의 10점짜리 인간의 마음은 모두 남의 탓이며 마음에는 항상 불만과 분노가 가득하게 쌓여 싸우고 헐뜯으며 살고 있다고 했다. 그러나 자기를 사랑하고 생각을 깊이 하게 될 때부터 30점짜리 보통 수준에 이르게 된다고 한다.

보통 우리가 30~40점까지 인생의 삶을 지켜 내야 하지 않을까. 그때가 되어서야 내가 행복하다는 마음이 일어난다고 하니 그 기준을 꼭 재물에만 두어서는 힘들고, 권세에만 두어서도 어렵지 않을까 싶다. 작은 일에도 감사하고 즐거워하는 마음이야말로 적어도 행복하다는 자신이 40점짜리 인생이라고 본다.

자신을 사랑할 줄 아는 자는 20점부터 시작된다고 한다. 세상에 명성을 남긴 위대한 사람도 자기 사랑의 행복 점수가 70점이라야 가능하다고 했다. 나아가 남을 사랑하고 일류의 구원을 이루고자 하는 예수님이나 석가모니는 만점에 가까운 100점짜리 인생일 테지만 자존심이나 긍지를 지닌 자들이 공통으로 가지는 생각은 지금보다 다음을, 오늘보다 내일을 위하여 노력한다고 했다. 그 길은 쉬지 않고 멈추지 않는 끈기가 필요하다.

미국 캘리포니아 주 어바인 시의 시장으로 당선된 젊은 한국인 강석희 씨는 그 넓은 선거 구역을 돌면서 12만 명 주민들을 찾아다니며 모두 만나고 악수하는 끊임없는 노력을 해냈다고 들었다. 그 결과 유권자들에게 신뢰와 진심을 얻어냈으며 마침내 동양인 최초의 시장이 탄생되었다.

20여 년 전 한국에서 결혼을 마치고 아내와 둘이서 사고무친의 미국 땅에 들어가 오만 가지 잡일로 생계를 유지하다가 남보다 두 배의 하루를 살아가는 성실과 정직으로 전자부품 대리점 사원으로 출발하여 차츰 주변의 미국인들에게 인정받음으로써 그를 지원하고 따르는 자원봉사자들을 이끌어 냈다고 한다.

이제 그는 한 단계 더 높이 남가주의 하원의원에 출마하여 바쁘게 살아가고 있다고 한다. 태어나 금지옥엽이었던 그 나무가 그의 부모에게 자랑스럽고 대견한 아들이 되어 눈앞에 버티고 서 있으니 그 열매가 빛나는 보석이 아닐까 싶다.

다람쥐 쳇바퀴 인생

잠에서 깨어나 하루를 보내게 되면 여러 가지 일들에 부딪치게 되며 다시 잠자리에 들기까지 애쓰며 힘들게 살아가고 있다. 어제와 똑같이 회사에 출근하고 주어진 업무를 처리하고 하루 일과가 끝나면 변함없이 집으로 퇴근에서 지친 몸을 쉬고자 하는 일과가 거듭되는 것이 보통 우리들의 삶이라 할 것이다. 그래서 다람쥐 쳇바퀴 도는 듯한 일상생활이란 말이 생겨 흔히 쓰이고 있다.

다람쥐가 쳇바퀴 속에서 쉬지 않고 하루 종일 뛰고 있지만 끝내 제자리에서 서 있는 꼴을 보고 무슨 생각이 나는가. 아무 생각이나 고민 없이 시키는 업무만을 오래 하다 보면 쳇바퀴 속 다람쥐 같은 인생이 되고 마는 사실을 발견하게 된다. 물론 자기 앞에 놓인 업무를 열심히 하는 정신이나 자세는 높이 평가받을 만하나 최선을 다하여도 발전하지 못하고 실패한 사례들이 있어, 비전이 없이 목전에 주어진 시키는 일들만을 좇아서 열심히 하는 일에서는 그 효과가 거의 나타나지 않는다.

이스라엘의 한 부대가 100km 행군을 실시하기에 앞서 그 부대원들에게 행군의 목적과 가치를 설명하고 행군 만료 후의 성과에 대한 교육을 마친 부대는 한 사람의 낙오자 없이 100% 달성을 이루었다. 그러나 또 다른 부대는 상사의 지휘만 따라 아무 목표 의식 없이 출발한 행군의 부대는 낙오자 발생률이 40%에 이르는 실험 결과가 있었다고 한다.

후자의 부대는 최선을 다했으나 실패한 부대라고 할 수 있을 것이다. 비전이 뚜렷한 사람은 어느 일에서든지 조금씩 성취감을 느끼게 되며 어느 임계점에 이르러서는 노력한 결과가 폭발적으로 일어나 승수적인 효과를 가져다준다는 것이기 때문이다.

건강보험협회와 생명보험협회의 공동 조사에 의하면, 자신의 일과 인생이 의미가 없다고 느끼고 사는 사람은 스트레스성 질병에 걸린 확률이 매우 높아서 흔히 말하는 심인성 질환에 걸리는 가능성이 크다는 통계를 보았다. 아무런 뚜렷한 병의 징후가 없이 소화가 안 되고 근육에 통증이 일어나며 두통이 있는 경우를 흔히 볼 수가 있다. 그러나 그에게 변화가 있어 삶의 의미가 생기고 비전이 생길 때 그는 다시 회복되고 건강을 되찾는다는 통계내용을 보았다. 우리가 지금 하는 일이 가치가 있다고 느껴질 때 일하기가 훨씬 수월했던 경험이 있을 것이다.

만약 지금의 생활이 따분하고 다람쥐 쳇바퀴 도는 일상이라면 하늘에 떠도는 구름을 10분간만 응시해 보아라. 모였다 흩어지며 각양 각종의 형태를 띠며 흘러 다니는 구름이 한순간 쪼개지고 어느덧 한데 뭉쳐지며 활기차게 생기가 도는 모습이 관찰될 것이다.

한 번뿐인 인생이 변화 없이 무료해서야 되겠는가. 당신이 저 구름처럼 변화를 일으키며 살 수 있다는 생각을 함께해 보도록 하자. 그때부터 삶의 새로운 변화가 시작될 것이며 그 의미와 가치가 눈에 보이며 쌓였던 심인성 질환에서도 탈피해서 건강도 회복하기에 이른다.

보통 사람들은 쳇바퀴에서 벗어나려는 방법 중에서 쳇바퀴가 부서지거나 고장 나기를 기다리는 자가 있으며, 속에서 뛰고 있는 자신이 망가져서 벗어나기를 바라는 사람이 있다. 모두가 무책임한 행동이며 상처를 입는 해로운 방식임에도 이를 무시하는 어리석음을 지니고 있다. 스스로 쳇바퀴에서 내려오는 길이 바로 창조적이며 생산적임을 깨달아야 할 것이다.

독수리의 시각으로 세상을 관찰하고 자기 주변을 살펴가며 살아야 한다. 높은 하늘을 나는 독수리는 보이는 시야를 넓이고 멀리 볼 수 있는 타고난 시력으로 몸집이 적은 짐승들까지 먹이로 잡아 식욕을 충족시키며 생존한다.

우리가 산을 오를 때 정상에 오르는 것을 목표로 하고 있다. 산기슭에서는 계곡도 숲길도 볼 수 없어 남이 먼저 다니는 만들어진 길만을 따라 오르게 되나 정상에 다다라 멀리 바라볼 때 시야에는 또 다른 더 높은 정상이 보이고 아래는 수많은 계곡과 강과 덩굴 숲들이 보이게 된다. 또 다른 더 높은 정상을 향하기 위해서는 등성이만을 따라갈 수는 없다. 그 등성이 길의 끝에는 같은 높이의 정상밖에 될 수 없기 때문이다. 계곡을 지나고 강을 건너고 또 다른 가시덩굴 숲을 지나야 또 다른 더 높은 정상으로 갈 수 있기 때문이다.

몇 년 전에 삼성전자 이건희 회장이 삼성 그룹의 해외 임직원 800명을 독일로 모이게 하여 수십 일간 교육 훈련을 한 바 있었다. 교육생들에게 그의 특별한 당부가 오늘날 유명한 연설로 남아 있다. 강조된 내용으로는, "오늘날에 삼성전자가 세계 정상에 서 있으나 앞으로 10년 후의 삼성의 미래는 아무도 모른다. 당신들이 현재 가지고 있는 모든 것들을 다 버려라. 그리고 바꾸어라."

오직 당신의 아내만은 바꾸지 말고 다 바꾸고 버리라는 의미다. 정상에서 지금까지의 지식과 기술은 내일이 되면 다 낡은 것이기에 또 다른 더 높은 정상을 염두에 둔 그분의 미래에 대한 철학이 바로 독수리 시각으로 미래에 대한 비전을 전하고 있다고 보여진다.

어느 자료에 의하면 외국의 스탠퍼드 대학 졸업생의 3%만이 비전을 명확하게 가지고 그 내용을 기록하고 점검하며 지낸 결과, 비전이 없이 지낸 73%의 졸업생보다 연소득이 10배나 많다는 통계를 보았다.

나의 비전을 세우고 그것을 명기해 놓고 진행 과정을 점검해 나가는 자세가 요구되는 것이다. 머리로는 모든 것이 가능하나 가슴으로 이어지기까지는 힘들고 먼 길이 되고 있음을 누구나 쉽게 경험하고 있다. 가끔 착각 속에서 자신은 머리로 알고 있으니 목표나 비전이 명료하다고 자부하며 방심하고 내세우기 마련이나, 실제로는 가슴으로 행동하고 몸으로 실천하지 못하는 어리석음을 함께 범하고 살고 있다.

중요한 일은 멀고 험난한 장애가 보이더라도 비전을 세워 천천히 나서는 것이 다람쥐가 쳇바퀴에서 밖으로 나와 수풀 속으로 찾아가는 자유를 누린 것처럼 살게 될 것이며, 당신의 무료한 쳇바퀴 도는 듯한 반복적인 일상에서 벗어나 새로운 곳을 향하고 용기 있는 실천으로 또 다른 정상을 향하여 나서는 지혜가 요구된다고 생각한다. 그래서 다람쥐 쳇바퀴 인생에서 벗어나는 빛나는 인생이 시작될 것이다.

부모의 마음

꽃이 예쁘고 자연경관이 아름답고 아무리 미인이 아름답다 하나 그중에서도 세상에서 가장 아름다운 것을 꼽으라면 부모 마음이라 했다. 아무리 권세가 있고 재물이 많아도 자식의 앞날에 도움이 되는 것이 아니라면 권세도 재물도 쓸모가 없다는 중국의 고대학자들 가르침의 의미를 부모가 되고서야 안다고 했으니 지고지순한 부모의 마음을 헤아려서 표현하기가 불가능하다 하겠다.

며칠 전 뉴스에서 한 젊은이가 부유한 양친 부모 아래서 청년 시절 방탕하게 생활하다가 유흥비가 떨어져서 자기 어머니를 구타하고 핍박한 패륜의 아들이 되었고, 이런 못된 행동을 한 아들을 이웃들이 보다 못해서 사지당국에 고발하여 마침내 형벌을 받게 되었는데, 그 어머니는 자식의 범행을 숨기고 말았다는 기사를 보고 처참한 심정을 가누지 못했다.

그 아들이 부모 슬하에서는 어머니의 따뜻한 사랑과 정성으로 자라났음에 틀림없었을진대 어른이 되어서 짐승만도 못한 탕아가 되어 버린 원인이 무엇일까.

내가 자랄 때는 웃어른을 만나면 모르는 사람일지라도 고개 숙여 인사하여야 훌륭한 어린이가 된다고 가르침을 받으며 지냈으나 지금은 어린 자식들에게 모르는 어른이 친절하게 다가오면 절대로 따르지 말아야 하며 인사는커녕 멀리 달아나야 한다고 가르치는 세상이 되어버렸다. 어린 아이를 납치하고 금품을 요구하는 험악한 세상의 슬픈 모습이 되고 만 것이다.

어느 사회학자가 부모 모습을 세 가지 종류로 나누어서 말하기를, 먼저 가장 바람직하고 정답인 부모의 모습으로 '코치형' 부모라 하여 자식들의 무한한 가능성을 믿으며 스스로 창의성을 발휘하도록 옆에서 조언하며 격려하는 타입이라 했다.

부모 스스로 잘잘못을 보고 느낄 수 있도록 솔선수범하는 모습이 선행되어야 할 것이고 권위의식이나 강제성이 없어야 할 것이라 생각된다. 비록 성적이 좀 모자라도 정직하고 근면하라는 말이 학교 교훈으로 또는 부모의 가르침으로 귀에 못이 박이도록 들어왔으며, 정직한 마음으로 매사를 행하다 보면 주변의 믿음과 존경이 자연스럽게 이루어지는 것을 쉽게 알 수 있다.

그러나 요즈음 세태는 아이들에게 거짓말을 가르치는 꼴이 되어 가고 있음을 종종 볼 수 있다. 부모들이 전화를 기피하는 방법으로 "지금 엄마가 집에 안 계신다 해라" 하는 어머니의 지시가 자식에게 거짓말을 해도 된다는 마음을 심어주는 꼴이 되고 마는 한심스러운 모습을 보이고 있다.

다음으로는 '통제형' 부모로서 자식의 생각이나 행동을 자기 판단의 기준에 맞추어서 강압적으로 통제하고 인도하려는 부모라 했다. 요즘의 정규교육을 넘어서 여러 가지 과외를 보내고 해외 어학연수니 또는 영재교육이니 하며 부모의 의도대로 자식들의 교육을 몰아붙이는 모습이라 할 수 있다. 말을 강가까지 끌고 갈 수는 있어도 그 말에게 물을 먹일 수 없듯이 아이들에게 숨 막히는 과외공부를 시키어 그 아이가 틀에 박힌 학습을 부모 뜻에 따라 한들 과연 그 효과가 있을 것인가도 생각해 볼 문제다.

세 번째로 '방임형 · 무관심형' 부모의 모습이라 했다. 맞벌이 부부로 어서어서 돈을 모아 부를 이루고 싶은 욕망으로 인해 자식들은 부모와 관계가 단절되고 친구들과 어울려서 또는 학교나 학원에서 시간을 보낼 수 밖에 없는 무관심 속에서 지내는 가정의 모습인 것이다.

입는 것과 먹는 것이 넉넉하고 아쉬움 없이 커 온 자식들이 사춘기가 지나 성년이 되고 술과 이성을 알고 나서부터 학생 시절의 속박에서 벗어나고 싶어지는 충동이 생기고 그동안 묻어둔 욕망이 점점 커지게 되기 쉽다. 부유한 가정 속에서 어려움 없이 용돈을 얻어내는 굳어버린 사고가 방종의 수렁 속에 빠져들기 쉬워지며, 어느 순간 이성을 잃어버리고 패륜을 범하는 비참한 인생이 되어 버린 사실을 우리는 가끔 보아왔다.

자식들에게 올바른 부모가 되고자 하는 바람은 학식이 있거나 없거나, 배우지 못한 촌부나 최고 학위를 얻은 박사들이나 그 정도나 크기는 한 치도 다를 바 없다고 믿는다. 그러나 자식들이 헤아리는 부모의 마음은 그 색깔이나 크기가 천차만별이 아닐 수 없다. 한 가지 분명한 것은 태양은 끝없이 뜨거운 열기를 온 세상에 내려 쏟아 부어도 끊임없이 오늘도 내일도 그 열기가 줄어들지 않듯이, 자식에 대한 부모의 사랑도 태양의 열기처럼 영원하게 쏟아진다는 사실이다. 코치형 부모의 모습이 자식들의 마음의 크기를 만드는 요인이기 때문이다.

마음에 희망의 씨앗을 심어주고 믿음과 격려로 자식들의 마음에 온실을 관리하는 것이 지혜로운 부모의 마음이다. 통제하거나 방임해서 의심의 씨앗이 뿌려진다면 자식들은 항상 불만의 열매를 맺기 쉬운 점을 잊고 지내기 일쑤다.

자식들은 심은 대로 열매를 거두기 마련이다. 소중한 자식들에게 적당한 자제와 인내를 가르치고 더욱 용기를 불어넣어서 희망을 꿈꾸며 도전

정신으로 무장해서 커 나가도록 이끄는 부모의 마음을 보여야 할 것이다.

통제형의 어머니들은 자기 몸 관리를 위하여 피부를 관리하고 체중을 관리하는 데는 치열하고 더욱이 재산 관리를 위해서는 목을 매고 살아가지만 자식들의 마음 관리나 생각 관리를 헤아리는 데는 인색하여서 지혜롭지 못한 우를 범하고 있다. 그런 환경 속에서 자란 자식의 장래에 제대로 영글어진 열매를 기대할 수 있을까. 자칫 잘못하면 허영과 교만이라는 씨앗을 자식들의 마음에 뿌려 놓을 수 있기 때문이다.

미국의 제너럴 모터스(GM)의 회장인 잭 웰치의 아버지는 어린 시절 아들 잭 웰치가 말이 느리고 어눌해서 친구들로부터 놀림을 받고 의기소침해지는 아들에게, "아들아, 너는 남보다 생각이 빠르고 머리가 우수하여서 말이 미처 생각을 따라가지 못해서 늦어지고 있으니 절대로 부끄러워할 일이 아니다"라며 아들에게 자신감을 심어주고 오히려 머리가 남보다 뛰어나다고 장점을 내세워 희망의 씨앗을 심어주었다고 했다.

자기 새끼에게 맹목적인 고슴도치의 사랑의 마음을 탓할 수는 없겠으나 자식을 큰 그릇으로 키우길 바라는 오늘날의 어버이들에게는 지혜롭게 다듬어진 바로 '코치형'의 부모 마음이 으뜸이라 하겠다.

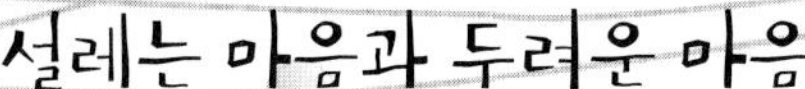

설레는 마음과 두려운 마음

맞선을 보기 하루 전에 느끼는 설렘은 모든 선남선녀에게 반드시 나타나는 감정으로 당연한 일이다. 장사하는 사람은 잠들기 전 내일의 매상고에 설레는 마음을 갖고 잠을 청하고, 주식 투자가들은 내일의 시황이 어떤 방향으로 움직이고 자기가 가지고 있는 주식 가격이 오를 것인지 내릴 것인지 설레는 마음으로 잠을 이룬다. 내일의 매상 성적이나 가격 변동이 내가 선택하고 결정할 수 있는 일이 아니라 남들이 결정하는 것이기 때문 그 결과에 대한 마음이 걱정스럽거나 즐겁거나 두 가지 중에서 하나로 흐르게 될 것이다. 여기에서 강조하는 것은 걱정스럽고 두려움보다 즐거워서 갖는 설렘을 이야기하고자 한다.

그러니 어제도 오늘도 만족스러운 매상이 오르고 주식 시황이 좋아서 가격이 오르고 있다면 잠들기 전의 마음은 내일 성적에 기대를 두고 설레는 기쁜 마음을 갖게 되는 것이 일반적일 것이다. 그러나 스스로 내가 선택하고 결정하는 일이라면 내일의 일에 거는 희망과 기대는 설레기에 충분하며 당연하다 할 것이다. 왜냐하면 내가 죽을힘을 다하여 준비해 왔고 최선으로 어제와 오늘을 준비하였기 때문에 내일의 결과는 당연히 더 좋아질 것이 확실하기 때문이다.

두 사람의 시각 장애인이 있었다. 한 사람은 모태에서부터 두 눈에 장애를 가지고 태어났으며, 한 사람은 한쪽을 실명하여 장애가 있는 분이다. 한쪽 눈으로 세상을 보고 일하는 분은 거의 정상적인 일상생활을 할 수가 있어서 보고 즐기며 살아갈 수 있으나 그에게는 오늘 하루를 기쁘게 보내는 타성에 젖어 영화를 관람한다든지 아름다운 경치를 구경하며 즐기면서 살고 있었다. 그러나 양쪽 시력이 없는 맹인은 오로지 어둠과 싸우며 홀로 생활할 수밖에 없으니 두 사람의 차이는 극명하게 반대되는 삶이라 할 수 있다.

어느 날 지혜로운 스승이 두 사람을 한 자리에 앉히고 말하기를, "사람에게 가장 중요한 것이 무엇인가 하면 그것은 설렘을 갖고 하루를 보내는 마음이란다." 처음에 쉽게 이해가 되지 않는 스승의 말이었으나 두 눈을 잃은 맹인이 집에 돌아와 깊이 생각을 하니 그 뜻을 이해할 수 있어 그날부터 내일을 기다리는 설렘을 갖게 하는 일을 시작하겠다고 굳게 결심을 하고 글을 깨우치는 일부터 시작하며 날마다 좋은 책을 읽고 또 사물을 듣고 만지며 익혀 나가면서 날마다 새로 배워가는 과정에서 설레는 마음을 가지며 하루하루를 이어 나가게 되었단다.

그는 경기도 양평 출신이며 루스벨트 재단에서 2006년도에 선정한 미국의 127인 공로자로 선정된 유일한 동양인이었고, 평생을 설레는 마음으로 아침에 일어나고 설레는 마음으로 잠이 들었으며, 배우고 익혀서 마침내 한국 최초의 미국 백악관 정책차관보에 오른 시각 장애인 강영우 박사이다.

설레는 마음은 새로운 것에 대한 마음이며 도전이기에 무서운 결과가 따라온 것임에 틀림없다. 내일을 위하여 노력하는 사람들은 오늘 하루를 헛되게 보내지 않을 것이며, 내일을 좀 더 그리고 높이 많이 생각하며 잠들기 전 설레는 꿈을 안고 잠든다. 어제도 오늘도 충실하지 못한 시간을 보내고 만 사람에게는 내일이 설레기보다는 두려움이 더 커지고 말 것이다. 그가 바라는 기대는 요행만이 있을 뿐이다.

그러나 오늘도 내일도 변화를 꿈꾸지 않는 사람들은 오늘도 내일도 즐거운 쾌락만 좇아가고 싶은 욕망 속에서 하루를 마치고 이어나가고 있다. 그래서 삶이 평범하게 끝나고 자칫 실패로 빠지게 마련이다. 그러나 반대로 그 일이 스스로 결정하고 이루어 갈 수 있는 일이라면 반드시 큰 발전이 뒤따른다는 것은 분명한 사실이다. 타의에 의해 결정지어진 일이라 해도 실망하거나 포기하여서는 결코 이룹지 않을 것이다. 왜냐하면 준비하는 자에게 찾아오는 기적의 현상이 나타날 수 있음을 염두에 두어야 한다. 요행이 아니라 실현 가능한 결과가 발생할 수 있기 때문이다.

하물며 내 스스로 만들어 가는 일임에는 확실한 결과를 보고 좇아가기 때문에 항상 설레는 마음으로 하루를 보내고 설렘을 안고 내일 모레를 기다릴 수 있는 것 아닌가.

당신은 두려운 마음으로 내일을 기다리고 있는가, 아니면 설레는 마음으로 내일을 기다리며 오늘을 살아가고 있는가? 한번 돌이켜 보자.

우리가 흔히 정신적인 우울증이나 강박감에 사로잡혀 있을 때 스트레스에 쌓여 있다고 한다. 이런 상태에서는 아침에 일어나면 몸이 무겁다거나 또는 사소한 일에도 주위 사람에게 짜증을 내거나 혹은 업무를 끝마치고도 집에 돌아가기 싫어지게 된다. 이유 없이 화가 나고 가슴이 답답하거나 안절부절못하는 상태가 지속되면서 소화도 안 되고 심리적으로 예민해져서 성격이 날카로워지며 심지어는 사소한 일임에도 공격성이 나타날 때도 있다.

이런 정도가 깊어지면 만병의 근원이 되며 암, 폐질환, 자살충동까지 유발하는 무서운 원인이 되기도 한다. 그러나 스트레스는 병의 증상이 아니라 병을 유발시키는 사전 반응이기 때문에 이를 벗어 던져 버릴 수 있다고 생각된다.

의학적으로 스트레스를 받으면 심리적으로 일그러진 상태가 되어 외부자극을 부정적으로 받아들이게 되어 욕구불만에서 나온 공격적 심리작용이 생기며, 증오심과 질투심, 부러움, 시기심, 열등감 등 대인 관계에서 마이너스 요인으로 자기 자신을 위태롭게 만드는 커다란 병폐로 작용하고 있음을 알 수 있다.

스트레스를 받으면 체내에서 호르몬 분비가 정상적으로 분비되지 않아서 생체 리듬이 깨지고 정상 활동을 방해하여 마음뿐만 아니라 몸의 건강도 함께 해치고 있다는 것이다. 이와 같이 무서운 정신질환에 가까운 스트레스를 벗어 던지는 일을 어디에서 찾아야 할 것인가가 문제가 되고 있다. 흔히 말하기를 몸을 움직여 뛰고 운동을 한다든가 땀 흘려 일하고 나면 벗어나기 쉬워진다고 한다.

이러한 육체적인 운동으로는 일시적으로 해결될 수가 있으나 마음 깊이 자리 잡은 욕구불만이나 불안감을 완전하게 씻어내기에는 무엇보다 정신적인 면에서 스트레스를 씻어 내는 것이 효과가 더 크다는 것을 경험하였다. 그 방법으로는 내일에 가능한 희망을 걸쳐놓으며 이에 다가서기 위해서 오늘을 보내는 방법을 찾아야 한다.

며칠 동안 오르는 산길에서 내가 경험한 바에 의하면 몸이 무겁고 다리가 천근만근 가라앉아 중단하고 싶어졌으나 힘든 길을 포기하지 않으며 지속해서 인내하고 힘을 쏟을 때, 내일 오르는 길이 쉬워질 것이라며 스스로 희망을 걸어놓을 때 마음이 가벼워지는 느낌을 받았다.

침상에서 몸을 쉬어야 할 때 가벼워진 자기 몸을 상상하며 머리를 채울 때 스트레스는 조금씩 떨어져 나가는 것을 경험한 바 있다. 조용한 고전 음악을 들으며 마음의 평온을 찾는 방법도 있고 참선을 하며 명상을 하고 단전호흡을 하고 요가로 몸을 움직이는 방법도 유익한 방법이 될 수도 있다고 한다.

어느 의학 잡지에서 본 바로는 모든 일을 긍정적으로 생각할 때 몸 안의 단백질이 부신피질 호르몬과 베타 엔도르핀으로 분해된다고 한다. 이 부신피질 호르몬은 육체적 긴장을 완화하는 역할을 하고, 베타 엔도르핀은 정신적으로 스트레스를 해소하는 작용을 한다고 한다. 또한 베타 엔도르핀은 기분을 좋게 하는 데 그치지 않고 노화를 막고 심지어는 암세포를 파괴시키며 나아가 기력을 강화시키는 놀라운 작용을 해낸다고 한다. 결국에는 그 사람의 인내력을 강화시켜 주어서 지금까지의 삶을 바꾸어 내는 극적 효과를 나타낸다고 했다.

어느 산악 잡지에서 놀라운 기적을 체험한 박미선 박사의 체험기에 따르면 50세까지 본태성 고혈압을 지닌 환자로 최고혈압이 170이며 최저 90이고 시력은 0.3으로 돋보기 인생으로 나약해진 자신을 한탄해 왔다고 한다. 그러나 참선과 호흡법을 배우고 내일에는 더 좋아질 수 있으리라는 희망을 걸어놓으며 명상으로 마음의 어두운 그림을 씻어 내기 시작한 생활로 75세의 나이에는 히말라야를 오르는 쾌거를 이루어낸 성공체험 기사를 보고 너무 감격스러웠으며 감동적인 인생이라 존경심마저 일어났다. 지금은 정상 혈압이고 시력 또한 신문을 맨눈으로 읽을 수 있다고 했으며, 더욱 놀라운 사실은 10여 년 전에 이미 사라진 여성의 생리현상이 다시 시작되어 젊은 인생을 찾게 되었다고 한다.

지병을 몸에 감고 살 때는 우울증에 시달렸고 항상 불안하고 두려워서 사소한 일에도 짜증이 나는 날카로운 성격으로 가족을 비롯하여 주변에서 싫어했었으나 명상과 참선으로 스트레스 속에서 벗어나려고 마음을 다스리고, 내일이면 조금씩 나아지고 오는 봄이면 더욱 호전될 것이라는 희망을 항상 품에 안고 지낸 세월이 20여 년에 걸쳐 자신을 철인으로 또는 기인으로 만든 기적을 일으켰다는 고백이었다.

희망과 꿈을 눈앞에 펼치면서 오늘을 만족스럽게 보낼 때 반드시 기적의 건강 변화와 함께 마음의 행복도 찾아와 준다는 진리를 새겨야 할 것이다.

절제節制

일상생활 속에서 너무 지나치게 일정 수준 이상의 것으로 욕심이 넘쳐서 사기의 몸과 마음에 해로울 것이 확실하다고 생각되어, 스스로 마음을 다스리고 욕심을 누르라는 의미로 조금씩 줄여야 함을 나타낼 때 우리는 흔히 '절제하라'는 말을 하며 또는 '자제自制하라'는 의미의 용어를 사용하고 있다. 스스로의 마음을 조절하기 위하여 능동적으로 행동할 수 있을 때 절제라는 의미가 쓰이며, 타인에 의하여 강제적으로 마음과 행동을 다스리며 조절할 때는 통제라는 전혀 다른 의미가 사용된다.

절제나 통제는 어느 정도 만족스러운 상황 속에서 더 이상 넘치지 말 것을 요구하는 행동 요령이라 할 수 있으나 일정수준에 미치지 못하는 부족한 상황에서는 오히려 분발이라는 반대되는 용어가 있어 어느 수준까지 채우고 도달해야 하기 위하여 마음이나 행동이 절실히 요구된다고 하겠다. 자라나는 청소년 시절이나 청년 시절에는 절제나 통제보다는 분발이 반드시 먼저 필요한 삶의 요령이며 강령이어야 할 것이다.

조금 모자란 부분과 아직도 해내지 못한 일들을 이루어내기 위해서는 더욱 분발하는 데 박차를 가해야 된다는 것이기에 젊은 시절의 인생에게 꼭 필요한 생활 강령이라 할 수 있다.

장년 시절이나 노년에 이르러서는 절제 또는 자제라는 행동 강령이 분

발보다는 더 필요하지 않을까 생각해 본다. 부와 권세를 거머쥔 소위 성공한(?) 사람들이 절제를 잊어버리고 적당한 선을 넘어서 과욕을 부려 더 많이 채우려다 오히려 패가망신하는 경우를 흔히 볼 수 있게 된다.

중국의 당나라 태종 이세민이 권좌에 오른 후 평생의 소원인 고구려를 정복하고자 하는 꿈을 이루기 위해서 전쟁 길에 나섰다. 늪지대인 요하를 건너는 데는 성공하였으나 자기가 쌓아놓은 토성 위의 전투에서 한쪽 눈을 잃어버리고 크게 패하여 수십만의 군사들과 함께 참혹한 패전의 쓰라린 고통을 겪게 되었다. 결국 궁궐로 다시 돌아온 당 태종은 스스로 어리석음을 통탄하고 눈물을 흘리면서 충직한 신하 위증이 올린 '고구려와의 전쟁을 멈추어야 한다'는 직간을 무시한 자신의 판단에 천추의 한이 된 잘못을 후회하였다는 것을 사기史記에서 본 적이 있다.

그릇에 넘치도록 물을 부은 뒤 흐르는 물에 젖어들어 주변의 물품들이 못 쓰게 되는 것을 주변에서 쉽게 보았을 것이다. 또한 음식을 먹을 때 맛있다고 배가 부르도록 먹어 치우는 사람은 위장이 못 견디어서 탈이 나며 결국에는 췌장에 부담을 주어서 당뇨병이 발생되고 대장까지 염증을 일으키는 엄청난 폐해를 일으키어 몸을 망치고만 경우를 너무도 잘 알고 있다. 이와 같은 사례에서 우리가 절제가 얼마나 지혜로운 일인가는 너무나 확실한 일임에도 이를 쉽게 잊어버리고 어리석음을 저지르고 말게 된다.

어른이 되어서는 술과 여자에 빠져들기 쉬우나 안일하게 적은 성공을 거둔 자들이 절제를 외면하고 넘쳐흐르는 쾌락을 즐기다 보면 그다음 찾아오는 것은 몸과 마음을 망치고 말며 결국에는 타락의 수렁 속에 들어앉아 있는 자신을 발견하게 될 것이다. 그때는 통탄스러워하는 자신을 발견하나 이미 뒤늦은 후회만 있을 뿐이다.

'정관정요貞觀政要'라는 당나라 태종의 바른 정치를 지침 하는 내용에 선비들이나 관직에 나선 벼슬아치들에게 가르치기를, 자신을 항상 살피고 경계하는 방법으로 거울을 보라 하였다. 먼저 옷맵시나 얼굴 모습을 비추어 보면서 단정하고 깨끗한 용모를 추스르기를 당부하였으며, 두 번째는 마음속에 품은 지나친 욕심을 살펴보라 하였으니 이는 마음을 다스리는 교훈으로 절제와 인내를 포함하는 의미라 할 것이다. 만고의 충신이며 임금에게는 천하의 제일 무서운 충직한 신하 위증의 '늦추고 멈추라'는 절제의 뜻을 담은 교훈을 거울삼아 볼 때마다 마음에 새기라는 의미다. 그리고 세 번째는 거울 속에서 지나간 고금의 역사 속에서 어질고 빛난 업적을 이룬 성군의 모습을 떠올리라는 교훈인 것이다.

지난날에 갖은 고생과 희생으로 일구어낸 보람의 열매를 이제 지키며 행복을 누려야 할 시절에 제일 중요한 절제와 멈춤의 교훈으로 마음을 다스리는 지혜가 꼭 필요하다 하겠다. 그러나 내가 칠십 평생을 걸어오면서 세 가지만은 절제나 멈춤이 해당되지 않는 길을 몸소 찾아냈으니, 그 하나는 사랑하고 용서하는 마음을 기르고, 두 번째는 책을 읽고 자기 성찰의 글을 쓰는 일이며, 세 번째는 몸을 귀찮게 움직여서 운동하는 일인 것을 늦게나마 터득하고 경험했다.

나 스스로를 사랑하고 귀하게 생각하여 자존감을 높이고, 내 가족과 이웃을 사랑하고 용서하는 마음으로 스스로 평온하고 행복한 마음을 만들어 가며, 아무리 귀찮고 힘들어도 몸을 움직여서 운동을 하면서 병색을 쫓아버려야 건강을 찾을 수 있다고 믿는다. 더욱 보람 있는 삶을 살기 위하여 끊임없이 손에서 책을 놓지 않고 읽으며 아름다운 생각을 글로 적어내며 즐거운 날들을 꾸며 가고 있으니 이보다 더한 영광과 행복을 바라지 않게 되었다.

세상에서 가장 바쁘게 사는 사람

하루 24시간 중 잠자는 시간이 보통 6시간에서 8시간이라야 건강을 지킨다고 한다. 일터에서 근무하는 법정 노동시간이 8시간에서 연장근무 2시간을 포함하여 10시간이 소요된다고 해도 계산상으로 6시간 정도가 쉬고 식사를 하고 오락을 하는 데 소요된다.

매년 늘어나는 실업 청년들을 생각하면 안타까운 마음이 드나 자영업자들 편에서는 일손이 부족하여 생활지에 매일 구인광고를 하는 현실이고 보면, 정규 고용자를 채용하고 고정 월급을 주게 되면 영업이 적자가 나기 때문에 부득이 시간제로 아르바이트 인원을 이용할 수밖에 없다는 형편이란다. 요즈음에는 길거리 포장마차 빵집에서도 쉽게 어린 학생들이 아르바이트하는 모습을 볼 수가 있다.

내 기억으로 지난해 모 방송국의 인생 역전 프로에서 시간제 부업으로 하루에 10개 이상의 다른 일을 해내는 젊은 사람의 이야기를 보았다.

그가 새벽 4시에 일어나 신문배달 일에서부터 시작한 부업이 밤 12시에 끝나는 야식 배달 일까지 하루 종일 10개 정도의 시간제 부업을 해 가고 있으며, 그동안 막대한 부채를(기억으로 2억 원) 매월 4~5백만 원씩 갚아 가고 있다는 실화를 보고 놀라움과 감동을 받았던 기억이 떠오른다. 그렇게 해서 돈을 모으고 빚을 갚아 나가는 모습보다 더 중요한 것은 젊은 인생의 시간을 허비하지 않는 고귀한 정신이 더욱 빛난다는 사실이다. 아마 훗날에 그는 더 큰 성공을 이룩한 인물이 될 것이 확실하다.

시간을 아끼고 재며 살아간 미국의 16대 대통령인 링컨의 '2분의 시간 전략 철학'에 관한 책을 읽은 적이 있다. 자투리 시간 2분을 활용하여 정보를 수집하고 민심을 살핀 위대한 지도자의 모습을 쉽게 상상할 수 있을 것이다.

이 글을 읽고 있을 독자 여러분도 현재 생활하고 있는 직장인은 물론이려니와 공부하는 학생들이 한 번쯤 생각해 보고 자신을 훑어보아야 할 것이다. 당신이 지금 2분이 아닌 2시간을 아무 생각 없이 흘러보내고 있다면 정신이 번쩍 나도록 자기 얼굴에 따귀 한 대를 때려라. 아니면 허벅지 살을 한번 힘차게 꼬집어 보아라. 그리고 시간을 소중하게 쪼개 사는 링컨 대통령이나 성공한 사람들의 본보기를 따라 오늘부터라도 실행해 보자.

나이가 젊은 시절 체중을 줄이기 위하여 밥을 몇 끼씩 굶기도 하지만 쉽게 체중감량이 이루어지지 않으며 몸에 기운만 빠져서 매사에 능률이 안 오르고 게을러져서 끝내는 더 나은 성공을 포기하고 마는 꼴이 된다.

우리 몸은 나이가 35세가 될 때까지는 세포가 증식되고 에너지가 생성 증가 일로에 있으나 그 고비가 지나면 점점 노쇠의 길로 들어선다고 했다. 하루에 10가지의 다른 부업으로 뛰어가며 살고 있는 유명한 인생 역전의 주인공도 나이가 40살이었기에 가능하지 몸이 쇠약한 나이였다면 불가능한 일일 것이다.

차를 타고 운전해 가며 식사를 하고 앉아서 또는 서서 잠깐의 수면으로도 건강을 지키고 있는 힘이 의지와 희망으로 가득 채워져서 그 기적을 이루어냈다고 믿는다. 지금까지 수많은 성공한 기업가들의 이야기를 듣고 보고 했으나 시간을 함부로 버리고 아끼지 않는 사람이 성공한 예는 보지 못했다.

한결같이 바쁘게 돌아다니고 날아다니고 하면서 세계 곳곳을 누비며 힘차게 살아가는 우리나라 기업의 해외 영업직원들의 열심히 사는 모습이 눈에 선하였다. 그러나 그중에서도 하루에 약속 시간을 맞추어서 10개 이상의 장소를 돌아다니며 시간제 부업을 하고 있는 그 주인공이야말로 세상에서 가장 바쁘게 살고 있는 사람이라 감히 말하고 싶다.

기대企待와 포기

누구나 며칠 후 아니면 몇 달 후의 일정한 목표를 설정하고 그것을 이루기 위하여 기대의 꿈을 갖고 산다. 학생들은 시험 성적을 높게 잡아놓고 기대하고, 어른들은 하는 사업에 성취를 기대하며, 부모들은 자식들의 성적 향상이나 건강의 증진을 기대하기도 한다.

누구에게나 크고 작은 목적을 이루고자 기대를 안고 오늘도 내일도 희망의 끈을 이어 가기 마련이다. 그러나 세상일이 꼭 뜻대로 순조로운 것만 아니기에 그 기대에 미치지 못하거나 아니면 물거품이 되어버릴 때가 있는데 그때의 허망하고 비참한 생각이 곧 좌절이란 이름으로 자신을 학대하고 포기하여 엄청난 절망적인 결과를 초래하기도 한다. 아무리 멋지고 훌륭하다는 주위의 칭찬을 받고 출발한 사람이라도 보다 더 나은 목표를 두고 다가서고자 기대를 안고 그 꿈을 좇아 달려가며 바쁜 오늘을 살아가고 있다.

낙타가 바늘구멍에 들어가는 것만큼 어렵고 힘든 좁은 문을 뚫고 합격한 사법고시 합격생이 남들이 부러워하는 검사가 되어 사회생활을 시작하였는데, 모두가 부러워했던 전도가 유망한 한 젊은 사람이 스스로 목숨을 거두었다는 참담한 소식을 들었다. 그 사람에게는 또 다른 기대와 희망이 있었으나 여러 가지의 정신적인 충격으로 인한 좌절이 마침내 목숨까지 버리는 참담한 결과로 소중한 인생을 끝마쳤다고 생각한다.

나는 가끔 기대와 포기를 겹쳐서 생각하는 버릇이 있다. 이룰 수 없는 포부와 꿈을 기대하는 것이 자칫 한순간에 자신을 나락으로 끌어내리는 악마일 수도 있으며 온몸에 힘과 용기를 앗아가는 독약일 수 있다는 생각을 해본다.

아무리 몸에 이롭다는 보약도 지나치면 오히려 몸에 독이 되는 약으로 변하여 오히려 몸을 망치는 일이 될 것이며, 아무리 목숨보다 소중한 자식의 일이라도 지나치게 무거운 기대를 걸고 몰고 갈 때 어린 가슴에 무거운 짐이 되고 상처가 되어서 자식을 망치는 경우를 보았다. 차라리 잠시 포기하는 지혜로움이 필요한 것이지 영원히 좌절하는 것이 아니기 때문이다. 기대와 희망은 스스로 결정하고 선택하고 그 길을 걸어가야 할 것이므로 스승이나 부모가 미리 설정하고 몰아가는 어리석음은 버려야 할 것이다. 그 기대나 목표가 어느 한순간에 이루어지는 것이 아니며 누가 멀리서 던져주는 것이 아니기 때문이다.

로또복권처럼 갑자기 찾아주는 것이 아니라 눈에 보이지 않게 소리 없이 다가오며 이루어진다는 것을 알아야 할 것이다. 설혹 이루기 어렵고 힘들면 잠깐 접어두고 쉬어 가며 포기하는 것도 함께 가져가야 하리라 믿는다. 무엇보다 가장 중요한 부분은 기대하고 쉬어 가며 포기하는 마음의 훈련이 필요하다 할 것이다. 정말 하고 싶어 하고 즐겁게 몰두할 수 있는 일을 만들어 찾아 나갈 수 있도록 이끌어주는 마음의 자세가 지혜로운 일이 아닐까 한다.

열정이라 함은 체온이 높아지고 마음의 열기가 뜨거워진다는 의미가 있으며, 중국 고시에는 부귀와 권세가 깃들어 있는 정이 넘친다는 의미가 있다고 한다. 이는 지칠 줄 모르고 일에 매진하는 모습을 말하고 있으며 포기해 버리고 좌절하는 마음에 반대되는 의미의 단어가 아닌가 싶다.

스승이나 지도자들의 교육 가운데 열정을 가지고 살아가야 한다는 지침을 많이 받고 있으나 실제로 열정으로 실행하는 사람이 극소수에 불과한 것은 그만큼 열정을 가지는 것이 어렵기 때문이다.

건강한 몸에 건강한 정신이 깃든다는 격언처럼 반드시 몸이 튼튼하고 건강이 기본적으로 뒷받침되고서 그 열정을 발휘할 수 있음을 쉽게 알 수 있다. 한창 젊은 시절의 몸 상태는 거의 100% 완전하여 생기가 넘치고 힘과 용기를 지닐 수 있기에 이 열정이라는 무기가 당신에게도 숨어 지내고 있음이 사실이다. 핵폭탄과도 같은 무서운 힘을 항상 내 몸과 마음에 담아 두고 살고 있음을 깨달아야 할 것이다.

중국 고사에 열熱 자는 몸의 온도가 뜨거워진다는 의미와 더불어 부귀공명을 나타내는 뜻도 함께한다고 했다. 평생 살아가며 열정이라는 무기를 휘두르는 사람에게는 부도 따르고 권세도 얻어진다는 의미일 것이다.

쿠바 대통령인 피델 카스트로는 정치 논리나 경제 분야에는 비록 어두웠으나 그의 신념과 공격적인 열정 하나로 쿠바를 40년간 통치해 온 인물로 유명하다. 카리스마 있는 수염 얼굴에서 불타는 열정에 넘친 선동적인 연설로 일반 국민의 마음을 얻어낸 유명한 이야기이다.

심지어는 미국의 케네디 대통령이 영화배우 마릴린 먼로를 이용하여 카스트로에게 접근시켜 그를 몰락시키려는 스파이 작업을 시도하였으나 오히려 마릴린 먼로가 카스트로의 자신 넘치는 그의 열정에 반하여 이중 첩보활동을 하고 말았다는 일화도 있었으니, 남성이 지닌 불타는 열정에 세기의 여인들도 마음을 빼앗긴 사례가 아닌가.

매년 보험업계에서 왕으로 선발된 사람들의 열정도 또한 놀라운 일이며, 과거 현대 그룹의 창업자 정주영 회장의 열정 또한 무서울 만큼 크고 빛나는 이야기가 많이 있다. 거북선 그림이 있는 지폐 한 장으로 우리 조상이 세계 최초로 철갑 전함 거북선을 제조해 낸 기술을 자랑했고, 모래밭인 지도 한 장만을 들고 영국의 투자 회사에 찾아가 막대한 조선소 건설자금과 앞으로 만들게 될 배까지 팔고 오신 그분의 열정은 우리 경제 역사에 오래도록 기록되고 있는 유명한 실화이다.

누구에게나 몸이 건강하다면 열정이 함께 가고 있음을 알아야 하며, 그토록 무서운 보약과 무기를 마음껏 휘두르며 써 야 할 것 아닌가. 더욱 힘을 만들어서 몸에 힘이 넘치면 자연 발생하는 에너지를 즐기는 쾌락에만 쓰지 말고 아껴서 당신의 미래를 위하여 쓰라.

그래서 으뜸이 건강이고 다음이 열정이라 말하고 싶다. 당신도 지금부터라도 이 열정을 끌어내어 불사르기 시작하라. 그러면 반드시 부귀와 권세를 얻을 것이다.

유빙遊氷의 힘

지구의 온난화가 점점 더해 가고 있어서 북극의 수만 년 동안 만들어진 빙산이 점점 녹아내리고 있으며 산더미만 한 어름 조각이 쪼개어져서 흐르고 있다. 그 유빙이 바닷물 속에 몸을 숨기고 태평양을 떠다니며 항해하는 배들과 무서운 충돌 사고를 일으켜 급기야 1812년에는 영국에서 뉴욕으로 항해하고 있는 타이타닉호와 충돌하여 거대한 배를 침몰시키고 1,515명이라는 인명을 수장시켜 버린 세기의 화제가 된 처참한 사건도 있었다.

이렇듯 바닷물 속에 숨겨진 유빙의 힘은 드러나 보이는 것보다 보이지 않는 부분에 상상할 수 없는 무서운 괴력을 지니고 있어서 지상에서 총칼로 하는 전쟁보다 더 큰 재앙을 가져온다는 사실을 미루어 짐작해 볼 수가 있다.

한편, 우리 모든 인간에게도 보이지 않는 숨겨진 무서운 힘이 감추어져 있음을 알아야 할 것이다. 쉽게는 이를 잠재력이라고도 말한다. 인체를 구성하고 있는 백조 개의 세포 중에서 사용되지 않는 세포가 잠에서 깨어나 활동하게 될 때 상상할 수 없는 기적의 힘이 발휘되어서 흔히 초능력을 나타냈다고 말하고 있다. 바로 잠재력에서 나온 마력이라 할 것이다.

아이가 동물원 사자 우리에 빠졌을 때 자시의 키보다 높은 철책을 순식간에 뛰어넘을 수 있는 어머니의 초능력이 바로 잠재력이 지닌 기적이라 하겠다. 숨겨진 가능성 속에서 창조적인 변화가 일어나 인생의 1차 성장기보다 2차 성장기에 일어나는 풍요로운 인생 항로가 펼쳐질 수 있다는 것이다.

옛날 어른들이 흔히 말하기를 사람은 세 번 변화한다고 했다. 비록 지금은 능력이 떨어져서 학교성적이 뒤처지고 있다고 하나 반드시 큰 변화를 일으키어 변하게 될 것이라고 확신하며, 지금은 몸이 허약하여 큰일을 해 나가기가 어렵다고 생각되는 아이들에게 격려를 하고 용기를 잃지 않도록 힘쓰는 슬기로운 부모들을 보아왔다.

그 부모들이 자기 자식의 숨은 잠재력을 믿으며 보이지 않는 물속에 감추어진 유빙과 같은 힘이 어느 때인가는 폭발하듯 발휘될 것이라는 신념을 갖고 있기 때문이다. 유년 시절부터 산의 토끼몰이식 학원공부를 시키는 부모들은 감추어진 아이의 자질을 무시해 버리는 과오를 범하기 쉬워진다. 유년 시절에 몸을 튼튼하게 가꾸어서 비옥한 토양을 만들어주어야 함을 지나치고 만다.

외국의 의사협회에서 낸 통계자료에 따르면 유년 시절에 흙바탕 속에서 뒹굴고 자연을 헤매고 뛰면서 자란 아이들일수록 몸의 면역력이 강해져서 질병에 걸리는 확률이 훨씬 적다고 했다. 요즘 극성 엄마들이 입에 달고 아이들에게 하는 말하고는 아주 반대되는 선진국 의사들의 의견에 놀라지 않을 수 없다.

밖에서 돌아와서 손을 반드시 씻어야 하며 남이 입에 넣은 숟가락이나 물건은 절대로 다시 씻어서 사용하라는 소위 결벽증에 가까운 청결 제일주의가 만연한 요즘 부모들에게는 흙바탕 속에서 키워도 유익한 섭생이라는 이론이 무색하게 되는 양생 비법의 양면성이 아닌가 생각된다. 적당한 세균이 몸 안에서 자라면서 면역의 체질을 키워주어서 성인이 되었을 때 외부의 병균을 막아주는 건강한 몸이 만들어진다는 의학적인 설명이다.

내가 초등학교 시절에 소위 요즘 말로 표현해서 너무도 지저분하고 손과 얼굴에 온통 콧물과 때가 끼어 함께 놀 수가 없었던 아이가 훗날 지방의 인문대학 학장으로 정년을 보낸 친구가 있다. 학창 시절에는 학교성적이 뛰어나지도 않았으며 학교와는 먼 거리에 살고 있어서 항상 지각과 결석을 밥 먹듯이 했고 참으로 한심스러운 열악한 환경에서 소년 시절을 보냈다. 그 아이가 유일하게 잘한 것이라고는 장거리 달리기였는데 학교에서 집이 멀어 자연히 달리고 뛸 수밖에 없었던 것이다.

그러나 그에게 어느 시절부터 유빙의 감추어진 모습이 물 위로 서서히 나타나듯 숨은 잠재력에 발동이 걸리기 시작했고 어릴 때 단련된 튼튼한 체력 바탕 위에서 스스로 학비를 조달하며 중학교, 고등학교, 대학을 졸업한 과정을 지켜볼 수 있었다. 학문에서도 최고의 박사학위를 얻어내고 드디어 문과 대학장의 영예를 거두고 지금은 유유자적 노년을 보내고 있는 인간 승리의 친구로 남았다.

돌이켜 보면 가난한 농촌의 아들로 태어나 가난을 등에 지고 살아온 사람이지만 배고픔은 죄악이 아니라 여기며 생존을 위한 투쟁 속에서도 인내하고 희망의 끈을 놓지 않은 의지가 있었으며, 더욱이 항상 감추어진 잠재력을 꺼내어서 무섭게 돌진하고 살아온 그의 일생이 오늘의 젊은 사람들에게 큰 교훈으로 새겨졌으면 한다.

으샤으샤, 기氣를 지닌 여인女人

서양에서 들어온 말로 '파이팅fighting' 하고 외치면서 힘 있게 싸워 이기라는 의미로, 우리 사회에서도 흔히 쓰는 외래어로 자리 잡고 있다. 운동경기에서 선수들에게 보내는 응원의 표현이거나 어려운 일에 임하여 나서는 사람에게 격려와 용기를 불어넣어 반드시 성취할 수 있도록 하는 의미이기도 하다.

옛적부터 우리나라에서도 민속놀이 중 두 편으로 나누어 줄다리기를 할 때 힘을 모아 이기기 위하여 '으샤으샤' 하고 마음을 추스르는 응원을 하고 있다. 이는 여러 사람이 한마음으로 뭉쳐서 힘을 두 배 세 배 늘리는 데 묘한 효력을 발휘시키는 신비한 마력을 지니게 되어 모두를 기쁘게 하는 결과를 만들어 내곤 한다. 일종의 응원처럼 경기에서 승리를 염원하는 기운을 만들어 내고 있는 것이다.

'으샤으샤' 기를 불어넣어서 배우자를 성공시킨 신라 시대 선화공주가 천하 무지렁이 총각 바보 온달을 배필로 정하고 마침내 그를 장군으로 만들고 재상의 자리에까지 출세시킨 지혜로운 여인의 전설은 너무도 잘 알려진 사실이다. 쉼 없이 남편에게 용기와 자신감을 심어준 선화공주의 기氣를 받은 온달 청년이 낮이고 밤이고 아내의 칭찬과 격려가 몸과 마음을 단련하는 데 영약이 되었음은 쉽게 짐작할 수 있는 일이 아닌가.

현대에서도 지혜로운 어머니의 칭찬과 격려가 자식들에게 으샤으샤 기氣가 되어서 자신감을 갖게 하고 더욱 분발하는 묘약이 되어 훌륭하게 성장하는 아이로 키워내는 사례를 쉽게 찾아볼 수 있다. 바르게 커 나가 사회의 동량이 되는 사람의 뒤에는 반드시 으샤으샤 기를 불어넣어 주신 어머니라는 여인이 있었다는 사실은 필연적인 것이라 믿는다.

소위 성공한 사람의 이야기 속에는 슬기로운 어머니나 아내가 뒤안길에서 보이지 않는 그 역할이 꼭 있었다고 생각된다. 가장 가깝게 살고 있는 어머니의 격려나 칭찬이 또는 아내의 신뢰와 격려가 무서운 핵폭탄처럼 그 힘은 계량하기가 어렵다. 사람의 심성은 잘한다고 칭찬받을 때 일어나는 파장은 '피그말리온 효과'가 나타나 놀라운 힘이 발생한다고 심리학자들의 공통된 의견이 있으며 진리인 것이다.

모든 일을 반듯하게 잘할 수만은 없기에 행여 부족하고 실수하는 일에도 다음에는 더 잘할 수 있다는 격려로 다스릴 때 바로 기를 살려주는 셈이 된다. 반대로 그 잘못을 꼭 들추어서 훈계하고 시정토록 꾸짖을 때는 기를 꺾어 놓으며 기를 빼앗아버리는 독약을 뿌리는 꼴이 되고 만다. 핀잔을 듣고 또는 꾸중만을 듣는다면 어린 마음에 심사가 뒤틀리지 않을 수 없어 더욱 비틀어지기 마련 아닌가.

며칠 전 TV프로에서 유명한 소설가 이외수 씨의 아내 정모 여사의 대화 중에서 참으로 놀랍고 존경스러운 광경을 보았다. 그분은 남편의 글 쓰는 일에 항상 '으샤으샤' 하며 소위 요즘 말하는 파이팅을 끊임없이 외친다고 한다. 중년이 넘어 늙어가는 남편에게 아내의 칭찬과 격려의 말이 보약이 되고 신비의 영약이 되어서 무서운 에너지를 만들어 내는 발전소가 된다고 생각되었단다. 과연 40여 권의 명작을 집필할 수 있는 이외수 씨의 힘이 아내로부터 발생되었다는 사실을 느껴 볼 수 있었다.

거꾸로 이야기해서 바가지 긁는 소리 하면 쉽게 아내라는 단어가 떠오르기 마련이다. 바가지나 잔소리가 모두 그때마다 합당한 이유가 있을 것이나 바가지 긁은 소리가 가져오는 결과는 끝내는 쪽박을 깨는 결과를 가져올 뿐 그 바가지가 훌륭한 작품으로 변화되기는 불가능하다. 그런 어머니 밑에서 바가지 긁는 소리를 듣고 지내는 아이가 성공할 수 없으며, 그런 아내를 둔 남편이 사업에 성공할 수 없다는 것이 내가 가진 믿음이다.

이제부터라도 늦지 않았다. 아침에 학교 가는 자녀들에게, 회사에 출근하는 남편에게 으샤으샤로 기氣를 불어넣는 슬기로운 여인이 되어주시기 바란다. 날마다 새로워지는 아이를 볼 수 있으며 날이 지날수록 힘차게 성공하는 남편의 모습을 반드시 찾아볼 수 있으리라 믿는다.

남자와 여자가 만나 연애를 하고 결혼을 해서 몇십 년 동안 한 가족을 이루고 한평생을 부부로 함께하고 있다. 어느 날 노인 대학에 다니고 있는 늙은 아내의 말에 의하면 친구들 대부분이 남편과 다른 방에서 거처하고 한 방에서 잠을 잔다 해도 따로따로 이부자리를 하면서 생활한다고 한다.

물론 나이가 들어 몸에 힘이 빠진 징조라 쉽게 생각하게 될 것이나 거기에는 소통에 마음의 벽이 가로놓여 있기 때문이라 생각된다. 말을 할 수 있고 손을 움직일 수 있는 힘이 있다면 그들 노부부의 황혼의 삶이 그토록 삭막하고 메마르지 않을 것인데 안타까운 마음이 든다.

젊을 때는 말이 크게 필요하지 않은 스킨십(피부 접촉)에 의해 부부간의 벽이 허물어지고 마음과 몸이 가까워질 수 있겠으나 이제 황혼기의 노부부 간에 남은 것은 서로의 마음을 헤아리고 어루만지는 소통의 미학을 발휘해서 간격을 좁혀 가며 사랑하는 마음을 키워내야 할 것이라 생각된다.

어느 날 TV에서 내 고향 소식을 방영하는데 어느 시골 마을 할머니 한 분이 먼저 가신 남편을 그리워하며, 허약체질인 남편을 위해 만 가지 좋은 것을 보양해서 지극정성으로 건강을 보살핀 결과, 칠남매나 만들어주고 떠났다는 이야기에 모두들 웃고 말았다. 그래도 그분의 지난 세월이 행복했구나 하는 생각이 들었다.

프랑스의 장애인 작가 장 도미니크 보비는 세계적인 여성잡지인 '엘르'의 편집장으로, 뇌졸중으로 인하여 사지가 마비되고 언어 능력도 잃었으나 눈꺼풀을 움직여서 의사를 전달하고 심지어는 20만 번의 눈꺼풀을 움직여서 『잠수복과 나비』라는 명작 소설을 써냈다는 이야기를 들었다.

우리가 상상도 하기 힘든 장애를 극복하고 가족들에게 사랑을 건네기도 하며 43세의 나이로 죽을 때까지 아름다운 삶을 마칠 수 있었다니 감동하지 않을 수 없었다. 하물며 사지가 멀쩡하고 의사를 넘치게 전달할 수 있는 입이 살아있고 들을 수 있는 귀가 있음에 금슬에는 더 이상 좋은 설명이 필요 없다.

부부간의 사이가 한쪽 사람의 힘만으로는 쉽게 좋아진다고는 할 수 없으나 참고 노력하며 끊임없이 마음을 보내고 나면 상대편의 마음이 열리고, 마침내 내가 보낸 마음이 두 배의 크기가 되어 돌아와 사랑하게 되고 존경하게 되어 고운 꽃이 피어난다고 하겠다.

거문고(금, 琴)와 비파(슬, 瑟)의 소리가 조화를 이루어 아름다운 음악으로 모든 사람들에게 감동을 선사하는 것처럼 부부간의 금슬은 좋은 음악이 되어 가정의 화목과 행복의 기본 틀이 되는 요소일 것이다.

인간은 누구나 자존심 덩어리라 했다. 그 자존심은 학식이 있거나 없거나 돈이 많거나 적거나 상관없이 자기만의 자존심과 감정을 가지고 있기 때문에 간혹 무의식적으로라도 상대를 무시하는 투의 말 한마디가 내뱉어질 때 그나마 졸졸 흐르고 있던 부부 사이의 물줄기가 큰 물줄기로 변해 마음에 쌓인 애정을 무너뜨리고 말게 될 것이다. 내가 보낸 말이 더 많은 군사들을 이끌고 나에게 쳐들어오고야 말며, 급기야 던져 놓으면 지나가던 개도 물어가지 않을 아주 하찮은 말 때문에 큰 전쟁이 일어나서 서로가 멸망하게 될 것이다. 백번 잘하고도 말 한마디에 등을 돌리고 만다는 말이 있으며, 무심코 던진 작은 돌에 개구리가 맞아 죽듯이 아무리 가까운 부부 사이라도 함부로 던지는 말을 조심해야 함은 더 말할 필요가 없다.

항상 충족되지 못한 상태에서 현대인들의 욕구불만은 마음 한구석에 내재되어 있으며 그것이 채워지지 않을 때 좌절하거나 자기 비하를 만들어 스스로 옥죄는 불행한 삶을 자초해 가는 경우가 있다. 그러나 욕심을 조금 줄이고 목표를 낮춰서 마음을 평온하게 가질 때 마음이 안정되어 분위기와 건강이 나아진 것을 느낄 것이며, 즐거운 마음으로 아내와 남편들은 조금 더한층 따뜻하고 사랑스러운 말을 건넬 수 있을 것이다.

서로 간에 약간의 변화가 시작되고 나면 마침내 그것이 눈덩이처럼 커지고 드디어 마르고 주름진 몸을 서로 안고 어루만지며, 간혹 아내가 외출하여 멀리 떨어져 혼자일 때에도 서로의 빈자리가 생각나고 그리워지는 마음이 일어난다면 그 부부의 금슬은 성공한 것이고, 그 부부의 금슬로 축복받는 인생의 황혼 길은 더욱 빛나지 않겠는가 생각해 본다.

가슴 따뜻한 아비의 마음

생각을 젊게 하여서 그 인생이 새롭게 다시 태어나
항상 웃으며 즐거워하고 사랑을 베풀고 봉사로 이웃을 돕고 살 때
노년의 삶이 빛나는 행복한 인생이 될 것이라 확신한다.

대기만성大器晩成

일찍 핀 꽃은 일찍 시들어버린다. 초봄에 핀 목련꽃은 그 생명이 10여 일을 넘기지 못하고 세상을 떠나고 말며, 봄의 전령사라 뽐내는 개나리와 진달래꽃은 여름이 오기 전에 꽃잎이 떨어져버리고 만다. 그래도 백합이나 장미꽃은 그나마 명줄이 질기어서 한여름을 뽐내며 지내다 겨울을 넘기지 못하고 그들도 생명을 다한다.

그러나 모진 추위에도 아랑곳없이 동백나무는 한겨울에도 야무지게 꽃망울을 품어 지내다가 비바람을 이겨내고 꽃을 피워 씩씩하고 아름다운 모습으로 세상을 지켜준다. 모든 꽃들이 한 시절 한 시기에 피지 않듯이 사람도 일찍 출세하는 사람도 있고 늦게야 일어서는 사람이 있다. 그래서 큰 그릇에는 물이 늦게 채워져 큰 사람일수록 늦게야 이루어진다는 '대기만성'이라는 격언이 있는 모양이다.

여기서 큰 사람이라 함은 그 인품과 인격이 훌륭하고 학식이 뛰어나서 그 이름이 세상에 널리 알려지고 많은 사람으로부터 존경과 추앙을 받는 인물이라 할 것이다.

금세기의 성인 슈바이처 박사도 처음에는 오르간 연주자였으며 음악 공부와 신학을 전공하였고 이 길 저 길 방황하다가 30세가 돼서야 늦게 의학 공부를 시작하여 38세 나이에 의학박사가 되고 철학과 과학에도 심취하였다. 그러나 뜻을 다시 세우고 뒤늦게 의학 분야에만 전념하여 평안한 삶을 마다하고 마침내 일생을 아프리카 적도 부근 오지에서 나병환자를 돌보는 숭고한 일로 그 인술을 베풀며 모든 인류로부터 추앙받는 큰 인물이 되었다고 한다.

초등학교 시절에 머리가 뛰어나 재동이라 불리는 가까운 친구들을 많이 보았으나 끝까지 이름을 남기지 못하고 사라지는 사람들이 주변에 있어 안타까운 생각이 들었다. 그러나 어린 시절에는 아무 특징이 없는 사람이었으나 해가 지나고 어느 때부터 그 명성이 알려지고 큰 사람으로 우뚝 섰는 친구들도 있었으니, 큰 그릇에 물이 늦게 채워지는 대기만성형의 인물을 우리 주변에서 많이 보게 되었다.

교육을 마치고 평범한 월급쟁이로 회사원 생활을 하다가 강한 뜻을 세워 창업을 하고 마침내 큰 기업을 경영하는 인물들을 수없이 많이 보았다. 직업 군인의 길을 걷다 다시 신학공부를 시작하여 목회자가 된 가까운 친구가 이제는 천 명 이상의 교인들이 그를 따르고 추앙하는 모습을 보고 감동을 받았다. 어느 순간 자신의 특징과 자질을 찾아내어 적성에 맞는 하고 싶은 일을 하게 되면 그 성과는 배로 늘어나 놀라운 결과를 가져다준다고 믿는다. 분명 축복받은 일이다.

사람마다 자기에게 최상의 적합한 인자가 있다고 한다. 선천적으로 부모로부터 이어지는 인자도 있겠으나 후천적으로 갈고 닦으며 깊어진 인자도 있는 것이다. 그 자신만의 인자를 이루고 있는 적성과 자질이 폭발적으로 나타날 때 큰 그릇에 물이 쌓이게 되고 마침내 그릇에 물이 가득 고이게 되지 않을까.

지금 우리나라에 직업 종류가 500종류 이상이 있다고 한다. 그 일 중에 가장 하고 싶고 평생을 즐기면서 할 수 있는 한 가지를 선택하여 끊임없이 매진할 때 어느 임계점에 다다르게 될 것이라 생각된다. 물리학에서 액체가 증기 상태로 갈라지는 시점, 즉 액체가 없어지고 기체로 변화하는 시점, 다시 말하자면 물질의 구조와 성질이 다른 형태로 바뀌는 그 시점을 바로 '임계점'이라 하는데 인생살이도 한 고비를 넘어가야 하는 힘든 고통의 시기에 부딪히게 된다고 생각한다. 그때에 이르게 되면 그만 포기하고 중단하고 싶은 악마의 유혹이 찾아와 자기를 괴롭히는 때가 찾아들 것이다. 하지만 진실로 그때가 어두운 한계가 아니라 그 너머 보이지 않는 풍요로운 기름진 들녘이 있다는 생각으로 그 임계점을 숨이 차도록 넘어가야 할 것이다.

큰일을 해내고 많은 부를 이룬 사람들의 과거를 살펴볼 때 반드시 찾아드는 고비가 있었음을 잊어서는 안 된다. 누구에게나 한 고비 아니면 두 고비쯤에서 악마에게 시달리는 고통의 시절이 있었을 것이다. 어쩌면 당신에게도 예고 없이 그 악마가 쳐들어올 수도 있으며 지금은 비록 인생이 순풍에 항해하듯 평온한 삶을 지내더라도 앞으로 한 번쯤은 악마의 얼굴을 가진 파도가 밀려오는 풍랑의 고비를 각오해야 한다.

당신의 큰 그릇을 채우기 위한 희망의 꿈을 더 뚜렷하게 새겨 가며 임계점을 넘어가야 한다. 고통스러운 시련을 이겨내는 과정이 성공을 꽃피우는 밑거름이므로 강한 의지가 꼭 필요하다. 당신의 큰 그릇이 늦게 채워지는 날을 필연적으로 기다려야 할 것이다.

한 번만이라도 목숨 걸고 살아라

숨 가쁘게 살아간다고 한다. 혹은 몸이 열두 개라도 모자라는 바쁜 날이라고도 하며, 하루 24시간이 모자란다는 표현으로 즐거운 비명을 지르며 우리들은 현대를 바쁘게 살아가고 있다. 주변을 돌아보면 숨이 목에 가득히 막힐 정도로 앞만 보고 달려가는 인생을 쉽게 찾을 수 있다. 목표를 정하고 그 목적을 이루고자 좌우를 살피지 않으며 달려가는 사람들에게 '무엇을 위해서 그러냐'고 묻는다면 어떤 대답을 할지 가끔 궁금해지기도 한다. 타고난 천성이 부지런하여 무슨 일이든지 열심히 해야 직성이 풀리는 사람도 그 목적이 부귀영화를 누리고자 함인지 아니면 후손에게 평안을 물려주기 위해서인지 모를 일이다.

우리 동네에 평소에 몹시도 바쁘게 열심히 살고 있는 젊은 부부가 있는데 항상 관심이 가는 고마운 부부이다. 그 부부가 한가한 틈을 타서 그 이유를 간단하게 물었더니 그들의 바쁜 이유인즉, 부모로부터 가난을 물려받아 배고픔이 한이 되어서 다시는 그 가난을 자기 아이들에게는 물려주지 않겠다는 일념이 오늘의 자신을 만들었노라고 했다. 이제는 이런 생활이 습관이 되어서 자연스러워졌다고 했다.

우리가 한평생을 장거리 마라톤이라고 생각할 때 힘의 안배와 적정속도 등으로 조절해야 하는 전략이 필요하듯이 삶의 방식에서도 완급을 조절하는 전략이 요구된다고 생각된다. 그래서 완주할 때까지의 기쁨을 누리게 되는 소위 성공이라는 완주를 했다고들 한다.

우리는 한 번쯤 목숨을 걸고 숨이 목까지 차오르는 숨 가쁜 날을 경험해 보았는지 다시 한 번 자신을 돌아보아야 할 것이다. 오늘이 지나면 새날이 오고, 그 오늘은 하루가 지나면 낡은 옛날이 되어버린다는 아주 평범한 진리를 그냥 흘려버리고 만다. 오늘 신문이 내일이면 구문이 되고 휴지가 되어버리듯이 오늘을 쉽게 아무 생각 없이 지낸다면 얼마나 아깝고 바보스러운 방식인가.

누구나 가정을 해서 '내가 만일 10년만 또는 20년만 젊어진다면' 하는 구름 같은 꿈을 꾸어 보았을 것이다. 나 자신 또한 그런 허황스러운 꿈을 꾸어 보았기 때문이다. 지내온 옛날들이 후회스럽고 만족스럽지 못한 것이 그 이유일 것인데 그나마 현재의 자신의 위치를 잘 파악하고 이해하고 있음이 다행스런 모습이라 생각한다. 조금이라도 고쳐 살고자 하는 욕심이 한 걸음씩이라도 개선되어 가고 있는 징조를 나타냈다고 보이기 때문이다.

경상도 출생의 최배달 씨가 소년 시절 일본에 건너가서 무인으로 한평생을 살면서 세계에 명성을 알린 내용의 영화를 본 적이 있다. 그의 말에 "나는 최선을 다한 것이 아니라 목숨을 걸고 싸워 왔노라"고 했다. 최선을 다한다는 말은 뒷날 실패했을 때 자기 변명거리나 위안의 말이기 때문에 목숨을 걸고 살거나 아니면 죽는다는 각오로 매번 무술 시합에 임했다는 것이다.

운동을 하든 공부를 하든 사업을 하든 모든 일에 최선이 아니라 목숨을 걸고 일을 한다면 세상에 불가능한 일이 없을 줄 안다. 나 역시 고희를 지난 나이에도 시간을 재면서 목숨을 걸듯이 몸을 움직이며 운동을 한 결과 지병을 치유하는 기쁨을 누리고 있음을 고백하고 싶고, 또 남은 시간은 책을 읽고 마음을 넉넉하게 채우는 일에도 몰두하고 있는데 하물며 파릇한 시절을 살고 있는 젊은이들이야 불가능한 것이 있으랴. 그들에게 진심 어린 노파심으로 게으르고 맥없이 보내는 시간을 경계하라는 충고를 남기고 싶다.

고향과 어머니

고향이라는 단어만 들어도 가슴이 설렌다. 세상에 나를 태어나게 하고 나를 키워준 곳이기에 고향을 떠나 살아온 사람들에게는 그립고 그리운 정든 곳이요, 그곳에 묻어놓은 추억들은 아름답고 정이 가득한 어머님 품속 같은 곳이다.

한반도 남쪽 끝자락에 위치하며 내가 태어난 지재부락 뒷산은 만경대라 하여 조선 시대 한양 땅까지 위급을 알리는 봉홧불을 피운 곳이기도 하며 바위들이 많아서 악산이라고도 부르는 곳이기도 하다. 옆으로는 천태산이 가로 앉아서 황소가 옆으로 드러누워 있는 소 등허리 같아 순하디 순한 매끄러운 모습을 해 보이며 따뜻한 여인네의 가슴 같은 곳이다. 왼쪽으로는 서재골이 병풍처럼 길게 뻗어 무성한 숲을 이룬 산이 들어서 있으며, 앞으로는 논밭이 질펀하여 시원하게 자리 잡고 강진만 한줄기로 흐르고 있는 마을 샛강은 구강포까지 이어져 그 아늑함은 살기 좋은 복받은 마을로 가슴이 트이게도 하는 곳이다.

그곳이 바로 행정구역상으로는 전라남도 강진군 대구면 계율리 계치부락으로 내가 태어난 무렵에는 창녕 조씨의 자작일촌이었으며, 80호 가구, 주민 300여 명이 평화롭게 옹기종기 모여 살던 마을로, 조선 말엽 왜구의 약탈도 피해 갔고 한국전쟁 당시에도 큰 피해 없이 보낸 축복 받은 명당 마을이었다.

지금은 고려청자 도요마을로 지정된 대구장터를 개발하느라 크고 작은 길까지 옛 모습은 거의 찾아볼 수가 없고 마을 입구에는 신식 교회가 들어서 있고 골목마다 현대식 시멘트로 포장되어 있어 현대문명에 밀려 옛날의 고향마을 모습을 빼앗겨버려 안타깝기만 하다.

대구장터에서 반 5리를 들어서면 농사일에 지친 농부들을 쉬게 하는 5백 년 수령의(지방문화재) 팽나무가 늙은 모습으로 버티고 서 있어서 방학 때 고향에 올 때마다 길목에서 나를 제일 먼저 반겨주던 할머니 품속 같은 모습이 지금도 눈에 선하기만 하다.

여름이면 한골 마을 정수사 계곡에서 흐르는 냇물에서 알몸으로 미역을 감고 물장구치는 놀이로 해가 저무는 것조차 잊고 하루를 보낼 때가 있었으며, 들녘(번덕지)에 지천으로 널려 있는 야생 딸기를 찾으러 헤매다 돌멩이에 넘어지고 가시에 찔리는 일이 다반사였으나 그리운 그 시절의 정겨운 일들이 아련하다.

우리 4남매를 키워내신 어머니는 여장부로 체격이 장대하였으며 별명이 군수라는 칭호를 얻을 정도로 몸집이 풍만하시고 사리에 밝으신 분이셨다. 옳고 그름을 분명하게 판단하시어서 의롭지 못하거나 도리에 어긋나는 일을 그냥 지나치는 분이 아니셨기에 당시 여자의 몸으로 읍내 경찰서에까지 찾아가 해방 후 순경들의 잘못을 항의하신 일도 있었으니 지금 생각하면 비록 배우지는 못하셨지만 상당히 똑똑하셨던 모양이다.

이삼십 명의 인부들을 지휘하면서 많은 농사일을 해내신 통 큰 여성임에 그 어머님이 마음속으로 든든하기만 한 어린 시절을 보낸 기억이 또다시 그리워지는 것은 내 나이가 황혼의 들녘에 서 있으니 지극히 당연한 일이다. 아버지는 선비로 가사에는 관심이 없으시고 책만을 읽으시며 평생을 살아오셨기에 어머님의 마음고생이 심했으리라 여겨진다. 그래도 그 어머님의 바쁜 모습과 아버지의 유유자적하신 모습들이 그립고 그리워지는 것이 고향 추억들의 바구니 속에 차지하고 있는 한 부분이다.

어느 해 어머니를 따라서 오일장이 열리는 읍내 큰 시장엘 갔는데, 어머니 앞에 한 무리 한센병 환자(나병, 문둥병이라고 했음)들이 나타나 구걸을 하며 앞을 막고 있어 매우 입장이 난처해졌다. 그러자 멀리서 한 환자가(당시 대장이었음) 달려와 그들을 가로막으며 저분이 어디에 사시는 그 인정 많은 마님이라 설명하자, 그 떼거리가 모두 엎드려 사죄하는 진풍경이 벌어졌었다. 장에 오신 모든 사람들이 놀라며 감격하는 얼굴 모습을 나는 지금도 잊을 수 없다. 참으로 그리운 어머니에 대한 추억의 한 토막이다.

해방 후 배고픈 보릿고개 시절에도 어려운 사람들을 외면하지 않고 듬뿍듬뿍 밥을 먹이고 담아주며 음식을 내주신 인정 많으신 그 어머님을 본받지 못한 지금의 내 자신이 부끄럽고 죄송한 마음을 어찌할 바 모르겠다.

내 동생(지금 나이 고희)이 태어나서는 두 형제를 위하여 새벽에 정화수로 치성을 드리고자 들녘 한복판 땅 밑으로 흐르는 참샘까지 5리 길을 걸어나가시어 정화수를 한 동이 손수 이고 오셨다. 장독대에 모신 성주대감 앞에 한 그릇, 부엌을 지켜주는 조강 귀신 앞에 한 그릇, 갓난아기 탈 없이 커주기를 비는 삼신할머니께 한 그릇씩 세 곳에서 빌고 치성을 드리는 정성스런 모습과 자식에 대한 어머니의 끝없는 숭고한 사랑과 헌신을 이제야 늦게나마 그 깊은 뜻을 알 것만 같아 코끝이 시려진다.

반세기를 고향을 떠나 돌다가 쌓인 고뇌, 절망, 슬픔, 분노, 기쁨 같은 오욕 칠정을 등에 지고 쉬고 싶어질 때 고향의 어머님 품속이 그리워지고 생각나는 것이 인간의 본래 모습이 아닐까 싶다. 그곳에서 꿈꾸고 즐기며 희망을 머리에 이고 지내온 어린 시절이 그리워지는 것이 고향에 대한 향수의 한 토막으로 마음속에 자리 잡고 있다. 지금의 눈에 아른거렸던 옛 고향의 얼굴에는 분을 바르고 연지곤지를 칠해서 화장을 해놓았으니 나의 옛날 순수했던 고향은 이제 어디서 찾아볼 수 있을는지 가슴이 메어지고 안타깝기만 하다.

눈 속에 머금어진 보고 싶고 다정했던 얼굴들은 이미 구름이 되어 흩어져 하늘로 사라지고 그래도 세 분 육촌 형님이 아직도 고향마을을 지키며 생존해 계시기에 어서 안부전화로 텅 빈 가슴을 채워보고 싶다.

새해의 아침

시간상으로 몇 초 만에 묵은해로 불리고 새해로 규정된다. 지난밤 종로 보신각에서 제야의 종이 울리자 많은 관중들의 함성과 함께 새해가 시작되었다. 이 시각 이후에는 많은 사람들이 소망을 담아서 희망에 찬 기쁨을 부르며 소리쳐 하늘에 대고 염원하며 발원하고 있다.

또는 강원도 해변으로 달려가 새해의 해맞이 행사에 모여서 동해에서 솟아오른 일출을 바라보며 복을 기원하면서 경건한 마음을 모으고 있다. 가정의 행복과 건강을 빌며 소망하는 기복기도가 당연한 모습일 것이다. 찬란하게 떠오르는 태양을 바라보며 소원을 빌고 성취해 달라는 자기중심적인 청원을 하는 마음이야 탓할 수 없을 것이나 성서에서는 의롭지 않은 방법으로 복을 구하지 말라고 했으며, 개인적인 복을 구하는 것은 이기적이며 자기중심적인 욕구 충족의 도구로 전락하는 기도의 향연은 금하라고 했다.

부처님이나 하느님께 자신의 목적을 이루고자 그 뜻을 변화시키어 자기만을 도와달라는 청원으로 나타나기 때문이다. 기복의 세계에 깊이 빠져들어 갈수록 주술 신앙에 가까워져서 오늘의 시간을 지혜롭고 건강하게 보내기 소홀해지며, 지난날의 일들에 반성하지 못하고 오로지 남에게 의지하고 바라게 되는 마음이 쌓이게 되기 마련이다.

믿는 마음은 자신만이 갖는 유일한 자유이며 특권으로 나 이외의 다른 사람이 찬성하거나 억압할 수 없는 고유 생각으로 참으로 신성함이라 할 것이다. 자신을 아끼고 사랑하는 마음을 두터이 할 때 모든 인간이 지닌 자존감을 높이고 그 자존심의 그릇을 채워나갈 수 있으며, 한 걸음 밖으로 내 가족들의 행복까지도 시야를 넓혀서 돌보고 사랑하는 마음이 일어날 것이며, 나아가서는 이웃과 국가를 걱정하는 큰 그릇으로 채워져 나갈 것이라 믿는다.

평화롭고 아름다운 믿는 마음속에 미움이나 질투 같은 사악하고 냄새나는 일들이 자리 잡을 때가 있기 마련이다. 우리는 홀로 존재하는 동물이 아니며 나만 떼어놓고 살아갈 수 없는 존재가 아닌가. 뭇 생명들과 함께 어우러져 살아가는 기연起緣, 즉 모든 현상이 생기生起 소멸하는 법칙 속에서 살고 있기 때문에 상대와 부딪치며 미움이나 분노 등이 생기게 된다. 이런 마음들 속에는 상대에게 해를 가져다주어야겠다는 더러운 생각으로 연결되어서 마음에 동요를 일으키게 되고 냄새나는 추한 모습이 된다.

바람을 마주하여 먼지를 털면 그 먼지가 먼저 자신에게 돌아오듯이 미움 또한 상대에게 날아갔다가 다시 내게 돌아오게 되는데 그 미움의 크기가 두 배가 된다는 사실이다. 미움이 화가 되어 화풀이해서 설혹 상대에게 시원스레 던져주었다고 해도 그 순간에는 속이 시원할지라도 몇 시간 후면 후회로 가슴을 치고 만다. 미움을 미움으로 되돌려준다는 것이 당연하게 생각되는 판단에 잘못이 있기 때문이다.

미움이나 분노는 마치 불과 같아서 이 불길이 상대를 태우고자 솟구쳤으나 남을 태우기 전에 자신을 먼저 태우고만 사실을 어리석게도 모르고 살고 있는 것이다. 이해하고 용서하고 양보하고 믿는 마음은 상대를 위하는 것이 아니라 궁극적으로는 내 자신을 위하는 자리自利의 행위이며,

반드시 이타利他의 행위가 아니며 덕을 쌓는 길이라 믿는다.

새해의 아침에는 마음의 밭을 깊숙이 갈아내고 그 속에 이해와 양보라는 씨앗을 뿌려 놓으며 미움이나 분노 같은 잡초가 자라지 못하도록 비옥한 밭을 일구어 내야 하지 않겠는가. 가을이 되고 겨울이 지나 한 해를 정리하면서 아름답고 향기로운 한 해였노라고 기뻐하며 자축하면서 행복한 한 해였다고 미소 지을 수 있을 것이라 믿고 싶다.

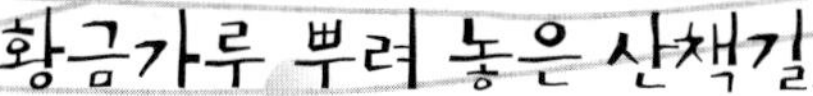

황금가루 뿌려 놓은 산책길

어제 비가 내리고 난 후 서대문구에 위치한 안산의 산자락 올래 산책길이 마치 무섭도록 쇠잔한 늙은이가 너덜너덜 찢어진 흑갈색의 옷을 걸치고 있는 모습처럼 보여 안쓰럽고 처참해 보였다.

지난주에만 해도 황금색 은행잎이 뒤덮여 있어 임금님 용포를 걸치고 있는 모습이었는데 비를 하루 맞고 토요일과 일요일에 오가는 등산객들에게 밟히고 찢기어 그 모습이 이토록 비참하게 변할 수 있으리라고는 상상도 못했다.

분지 모양의 활처럼 휘어진 산책로가 30여 년 전에는 서울 서부지역에 자리한 유일한 골프 야외 연습장으로(당시 연희 골프장) 내가 자주 찾아와 운동하는 곳이었다. 가끔 당시 초등학생인 내 아들과 함께 나와 골프 폼을 가르쳐주던 추억이 깃든 정든 곳이기도 하다. 서울 길이 시멘트 콘크리트로 또는 아스콘으로 온통 범벅이 되고 있으나 그래도 이곳만은 폭 4m의 흙모래 길이 아직도 남아 있어서 고향길 같은 고마운 안식처이자 휴식처로 우리들에게 남아있어 고맙기도 하다.

길 양쪽으로 30세 청년으로 자란 듬직한 벚나무며 은행나무가 줄지어 서 있어서 그 길이 봄철이면 흰 꽃밭을 이루어 푸르고 싱그러운 산책로가 되었다. 여름에는 따가운 햇볕을 온몸으로 막아주어 더위를 막아주고 앗아가는 고마운 피서지이기도 하였고, 마치 서부지역의 시민들을 싫은 내색 없이 언제고 반갑게 맞이해 주는 정든 님의 품 같은 곳이기도 하다.

젊음의 혈기로 매사에 급하고 한 번에 거머쥐려는 욕심으로 평정을 잃어버리고 사는 사람들을 만나고 나면 그의 어리석음과 천박한 사고가 안타까웠고 동정을 불러일으키는 사건을 가끔 보곤 한다. 그런 사람의 거칠고 차디찬 굳은 표정은 무슨 이유에서일까. 쓸데없는 걱정으로 헤쳐 보고 분석하고 있는 것이 내가 나이가 들어서 하는 버릇인 모양이다.

음료수 자판기가 설치된 휴식처에서 목격한 일이다. 나이 든 할아버지가 의자에 잠시 앉아 쉬고 있는데 갑자기 나타난 젊은이가 그 자리에 가방을 두고 잠시 비웠는데 왜 남의 자리에 앉아 있느냐면서 약간 화난 표정으로 목소리를 높여 말을 건넸다. 나이 드신 노인 분의 사죄로 저 가방이 이미 옆자리에 앉아계신 분의 것으로 알고 양해를 얻었노라는 설명으로 사건은 마무리되고 일어서는 광경을 목격하였다.

오늘이 수요일인데도 휴식 공간에서 시간을 보내는 젊은이는 분명히 실업자일 것이고 몸에 배인 이기적인 마음 씀씀이는 주변에게 어떤 도움이나 사랑을 받지 못하고 자라온 사람일 것이다. 나이 든 윗사람에게 시시비비를 가리자고 덤비는 교양은 항상 불만으로 속이 가득한 화약을 안고 사는 소유자임이 확실하다는 생각이 미치자 오히려 그가 측은하고 안쓰러운 생각이 들었다.

비록 어릴 때부터 사랑을 듬뿍 받지 못하고 성장해온 사람일지라도 사람들에게 부딪치며 풍상을 겪어 가며 상대방의 마음을 살피고 눈치를 보는 요령이 몸에 배어서 처세가 발전된다 하였다. 또한 카멜레온처럼 자기를 변화시켜 상대의 비위를 맞추어 가는 처세술을 배워가는 것이 보통 사람들의 살아가는 길일진대 얼마나 아둔하고 맹추 같은 삶을 살아왔기에 앉을 자리 때문에 쉽게도 일그러진 모습을 내보이고 있을까 생각하니 허망하기만 한 그 사람의 앞날이 대단히 걱정스러워졌다.

길 입구에 차량 진입을 금지하는 쇠말뚝이 서 있어 차량이 통행하는 것은 보지 못하였으나 가격이 비싸게 보이는 큼직한 오토바이가 들어와 지나가고 있어서 오히려 볼썽사납고 흉측스러운 사내가 미워 보였다.

곱던 금빛 옷이 비록 검붉은 해진 옷이 되어버렸지만 그래도 아직은 몸을 추스르며 맑은 공기를 즐기려고 운동을 하는 아름다운 사람들에게는 이 길이 평화롭고 정겨운 산책 공간인 것만은 확실한데, 고급이라고 뽐내고자 제 길이 아닌 이곳 산책로까지 처들어온 것이 무슨 배짱이며 심술인지 비싸게 보인 오토바이가 흉물스럽게 보이기까지 하다.

가을을 넘기고 새봄이 다시 찾아오기 전 이 길에서 저물어 가는 가을의 정취를 즐기고자 한 내 마음을 어둡게 한 두 건의 사건이 나를 우울하게 만들었다. 어서 새봄님이 오셔서 싱그러운 향기로 푸름을 드러내 보일 때쯤이면 서대문 시민들의 정겨운 얼굴들이 다시 모여 즐기고 노는 따스한 보금자리로 태어나길 기다리며 오늘의 산책을 마친다.

아내의 동창 모임

시골 여중학교를 졸업한 지가 60년이 지났으니 지금은 흰머리와 주름진 얼굴 모습으로 한 달에 한 번꼴로 동창들 모임을 다녀온 아내의 입에서 오늘도 못마땅한 이야깃거리를 드러내 놓는다.

젊은 시절에는 커 가는 자녀들의 내용이 화제의 으뜸이고, 중년에 들어서면서부터 재산 형성과 남편들의 사회적 지위에 관한 내용으로 변모되어 갔다. 그런데 노년에 이르러서는 모두들 손자 손녀를 두고 있으니 의례적으로 대부분 손자들이 화제의 첫 번째로 자리 잡고, 두 번째로는 건강에 관한 내용으로 다리가 골절됐다거나 척추가 안 좋아서 또는 관절에 염증이 있어서 병원 치료를 받는다는 처지를 서로에게 하소연해 가면서 친구들부터 위로받고 싶은 것이 또한 빼놓을 수 없는 화제라 했다.

그다음으로 반드시 거론되고 있는 살림살이에 관한 자랑이 꼭 찾아든다는 것이다. 임대해 준 아파트의 월세가 얼마고 세놓은 상가 임대료가 거치지 않는다며 은연중 자랑을 드러내 놓는 등 할머니들의 심리가 너나 없이 비슷하다는 것이다.

이러한 늙어가는 여자들의 화젯거리가 심리적으로 볼 때 과거에 눌려 있던 어려운 처지를 이제는 벗어났다는 보상심리에서 동창 친구들부터 인정받고자 한 욕구불만의 배설 작용의 일환으로, 현재의 처지가 훨씬 윤택해졌노라는 표출 방법으로 보인다는 것이 매번 모일 때마다 느끼는 기분이란다.

젊은 시절에 노동과 건축일로 힘들게 생계를 이어온 가정의 주부일수록 눈에 띄게 지금의 살림살이를 내보이고 싶어 하는 것은 당연한 심리작용으로 스스로 만족하는 행위로 나타나고 있다고 한다. 인간이 남에게 인정받고 싶어지고 더욱이 잘 알고 지내는 사람들이 부러워하는 것을 즐기고 싶어 하는 인간의 심리적 욕망은 많이 배우고 윤택한 가정을 이루며 살고 있는 계층의 여자들 또한 예외가 아닌 모양이다.

부유한 가정에서 최고 학부를 나온 할머니들 역시 동창 모임에서 줄기리 대화 내용은 재산이 어떻게 불어나고 자식들에게 몇 평짜리 아파트를 사주었다는 둥 은연중에 자기과시의 표현이나 무슨 보석이 값이 오르고 내려서 속이 상하다는 둥 은근한 자랑의 한 테마가 분위기를 잡는다는 사실을 매번 모임을 다녀온 아내의 불평 아닌 후일담으로 나는 이젠 면역이 된 셈이다.

일흔이 넘은 어머니들의 입에서 나온 덕담이 왜 없을까. 밥 먹고 사는 집에서 싸움 나고, 죽 먹은 집에서는 웃음 난다고 했다. 그런데 꿀벌은 촉수로 살고 노인은 자식 덕분에 산다는 덕담이 사라지고 있다.

옛날 우리 조상들의 덕담에 4가지 덕德과 4가지 행行이 있었다. 마음씨가 어질고 선하여 베푸는 마음을 기르고 봉사해야 할 이웃을 찾아 돕고, 옳고 그릇됨을 깨우치는 부끄러운 마음을 찾아내어 마음의 경계로 삼고 불우한 이웃을 찾아가서 위로도 하고 나누어 먹는 자원봉사를 연구하는 모임으로 변했으면 값지고 빛날 것인데 안타깝다.

남에게 자랑하지 않는 겸양의 마음을 기르는 사양할 줄 아는 미덕으로 자기를 낮추고 슬기롭고 지혜롭게 황혼 길을 준비하는 마음을 서로 주고

받는 이야기로 덕담을 나누는 동창 모임의 화제가 되었으면 좋으련만…. 그도 아니라면 말씨나 옷맵시 또는 여성 솜씨 또는 마음씨를 화제로 걸어 놓으며 4가지 행을 논하며 시간을 보낸다면 꿈같은 이야기인가. 그러면 얼마나 가치가 있고 품격 있는 모임으로 빛나지 않을까 안타깝게 생각해 본다.

높은 이상만으로는 삶의 재미가 없을 것이며 흥겨운 모임에는 먼 꿈같은 이야기일 것으로 생각되나 때가 낀 의미가 오히려 향기로운 냄새가 묻어나기에 동창 모임의 화제가 변화하지 못한 이유일 거라고 생각한다. 그런 부류의 사람들을 경멸하거나 비웃을 수도 없는 현실이기에 그 분위기에 맞추어 그저 웃어주고 중심을 잡고 우리 가정의 규범을 지키고 우리 가족의 긍지만을 무너뜨리지 않으면 우리 부부는 지금을 스스로 만족하는 낮은 자세로 여생을 보내고 싶다.

검은색으로 포장을 치고 있던 한여름의 힘찬 산 얼굴이 점점 갈색 점박이를 띠며 힘이 빠져가고 있는 모습이 하루가 다르게 깊어지고 있다. 어김없이 내가 정한 명상의 126계단에 이르니 정해진 시간 8시 40분에 맞춰지고 있다. 기계처럼 하루 운동을 하기가 마음처럼 쉽지 않은 것을 어젯밤에 친구 진언 군과 이야기한 바 있는데, 지병을 가진 동병상련의 마음을 나누기에 아주 편한 벗이다.

날이 갈수록 왕성한 세포가 하루에 수십억 개가 죽어가고 있다는 신체의 비밀을 증명할 길은 없으나 나이가 들수록 오르는 계단이 못 견딜 만큼 고통스러울 뿐이다. 그나마 2~3년 전의 꺼져가는 생명의 불씨를 다시 살려낸 것만으로도 자위하면서 앞으로 2~3년 후에 왕성하게 세포를 활성화하는 일을 희망하는 욕심을 부려 지금의 고통은 투자이고 값진 훈련이라 믿어 보고 싶다. 그래서 먼 훗날에는 지금이 아름다운 추억 속에서 자리 잡는 한 토막의 시절이 되기를 희망해 본다.

주변에는 소금에 절인 배추 잎처럼 몸을 포기하고 마음을 묻고 사는 사람이 얼마나 많은가. 당신도 자신을 드러내놓으며 얼마나 자기 몸과 마음을 추스르고 사랑하는가를 계량해 보시기 바란다. 몸을 다스리고 가꾸어 내는 초심을 이어갈 때 마음에서 새로운 희망과 기대가 꿈틀거리는 것을 느끼게 될 것이다. 우리가 내일의 희망이 없이는 오늘을 넘기는 것이 캄캄한 밤처럼 어둡기만 할 것이고 내일, 모레, 먼 훗날의 찬란한 꿈이 눈에 보일 때는 오늘의 삶은 축복이고 영광스러울 것이다.

얼마 전 TV 지오그라픽 채널에서, 멀리 떨어져 있는 먹잇감인 자기보다 덩치가 큰 토끼를 잡기 위하여 담비는 구르고 넘어지며 온갖 재주를 부려 가며 토끼에게 최면을 걸기 위하여 긴 시간을 들여 참고 견디며 반복적인 행동으로 힘든 노력을 아끼지 않아 마침내 토끼를 공격하여 먹이로 잡는 데 성공한 것을 보았다. 족제빗과 동물로 백두산이나 시베리아 지방에 서식하는 호랑이까지 덤비는 용맹스런 35cm 크기의 담비라는 야생 동물이 살아가는 방법이 지혜롭고 영리하여 먹이를 잡는 인내와 노력이 대단한 것을 알 수가 있었다.

담비가 성공하기까지의 긴 과정이 너무 교훈적이고 본받을 만하다고 느낀 바 있다. 사람에게도 담비처럼 질긴 인내가 요구된다고 본다.

우리 한국 사람의 성격이 좋은 점도 있으나 반대로 큰 것을 잃을 수도 있는 위험스런 면도 있다고 본다. 일확천금을 노리는 황당한 무리가 있어 카지노나 경마를 즐기는 허황된 자들이 있는가 하면, 남을 속이고 흠집을 내어 일시에 이익과 영화를 거머쥐려는 서글픈 실패한 인간들이 있다. 목표를 정하고 하루를 희망으로 채우며 넉넉한 마음으로 보내고 나면 그 결과는 반드시 이루어진다는 진실을 믿고 살아야 할 것이다.

옛 선비들도 맑은 날에는 곡식을 얻기 위해서 밭을 갈고 비 오는 날에는 책을 읽으며 일생을 보내며 행복한 삶을 살아가신 우리 조상들처럼 현대에도 날씨가 쾌청하면 몸은 움직여 운동으로 활기를 얻고 비가 오거나 눈이 오면 책을 읽어 마음의 그릇 가득 행복을 담아내는 생활이 있으면 한다. 나도 그런 길을 가리라 다짐해 보면서….

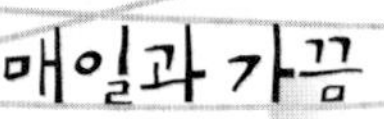

매일과 가끔

어제저녁에 환갑이 된 반가운 막내 여동생의 전화를 받았다. 오라버니의 당뇨병에 좋다는 구지뽕나무 열매와 들깨를 보냈다면서 요즘 운동은 가끔 하느냐고 걱정이다. 건강이 날로 개선되고 있으니 걱정 말라는 간단한 대답으로 안심을 건네고 곰곰이 생각을 해보았다.

시계추처럼 멈추지 않고 매일 정해 놓은 시간에 앞산 산책을 하고 있노라면 가끔씩 전화 오는 내 동생의 걱정에 시원한 설명을 좀 더 자세하게 해야겠다는 생각이 들었다. 우리가 여가를 이용하여 가끔 걷고 산책하는 일과 매일 기계처럼 일정하게 걸으며 운동하는 일이 얼마나 크게 차이가 나는가를 몸소 느끼며 지난해를 걸어왔기에, 아마 내 동생은 가끔과 매일의 무서우리만큼 놀라운 차이의 결과를 지나치고 있어서 항상 걱정이 되는 모양이다.

마치 가끔 식사를 하는 것과 매일 규칙적으로 밥을 먹는 것이 건강의 유지에 엄청난 차이가 있으며, 심지어는 만약에 가끔씩 식사를 하게 되면 몸의 내장 소화 기능과 영양분의 불균형 공급으로 건강 유지에 막대한 지장이 초래될 것이 뻔한 사실이 아닌가.

우리가 건강 유지뿐 아니라 일상의 다른 일에서도 가끔 한다는 말을 많이 사용하고 있다. 이는 쉬지 않고 하고 있는 업무에서 벗어나 휴식을 얻고자 하는 목적도 있겠으나 즐거운 욕구를 충족시키는 일종의 방편으로 심리적으로 쾌락을 취하는 본능의 한 가지라 할 수 있다. 대개의 경우 뚜렷한 목적의식이 없이 가끔 해보려는 젊은 사람을 많이 보았다.

세계적인 선수가 된 아이스 링크의 여왕인 김연아 선수는 8세 때부터 매일 연습을 하루에 8시간씩 이상 했다고 하며, 골프의 여왕 박세리 선수도 매일 연습을 16시간씩 했다는 기사를 보았다. 고시 삼 과에 합격한 국회의원 고승덕 씨는 매일 18시간 이상을 책과 씨름했다고 하는데, 이들이 가끔씩 운동으로 연습하고 가끔씩 공부했다면 크게 성공을 할 수 있었겠는가.

생명을 거는 위험한 일이 아닌 일상생활에서도 가끔 개념으로 한번 해보는 일이 몸에 젖어들고 사고의 개념이 틀에 박혀서 지낸다면 그 사람에게는 발전이 있을 수 없다고 믿는다. 가끔은 해도 그만 안 해도 그만일 때의 의미며, 하면 더욱 좋으며 안 해도 크게 손해나지 않는 일이라면 사용해도 무방하나 꼭 해야 할 일이나 풀어야 할 과제를 앞에 둔 사람에게는 반드시 차단해야 할 의미라 여긴다. 역설적으로 표현하자면 공부를 가끔 하고 식사를 가끔 한다는 일은 이상한 표현이며 우스운 일이 아닌가.

세계적인 선수의 연습 시간의 반만 연습한다면 산술적으로 1등 선수는 아니라도 100등 선수가 될 수 있을까. 또는 고승덕 국회의원(변호사)의 1/3시간을 공부한다면 적어도 고시 한 과에는 합격할 수 있을까 하는 산술 계량을 해보는 어리석음도 있으나 전혀 하지 않는 것보다 반만이라도 해낸다면 남보다는 한발 앞서 간다는 사실을 놓쳐서는 안 된다.

내가 경험한 바로는 불과 두 해 동안 가끔이 아닌 매일 쉬지 않고 걷고 생각하며 산을 오르는 일을 하고 나서 그 결과는 지병의 치료효과가 놀라웠으며, 조잡하나마 책 한 권을 지필해 내는 쾌거를 이룩하였다. 과거에는 머리로만 알고 생각만 하며 구름같이 떠다니는 꿈을 꾸었을 뿐 가슴으로 몸으로 실천하는 놀라운 즐거움을 느끼게 될 줄은 상상도 못한 일이었다.

중국의 고사에 보통 사람이 천천히 매일 걷고 실천함이 천재들의 위대한 꿈보다 훨씬 빠르고 크다고 했다. 보통 사람이 가끔 해내는 일은 재미로만 머물기 때문이다.

늦는다는 사실을 알 때부터 빨리 시작하는 때가 첫걸음이라 믿으며 가끔이라는 단어 자체를 내던져버리는 용단을 내리기 바란다. 늦었다는 나이가 없으며 늦은 때가 없음을 알아야 한다. 아무리 훌륭하고 멋진 계획이라도 가끔 해보는 것은 재미에 그치고 말며 그 결심과는 아주 먼 거리에 놓여 그림에 불과하다는 사실을 우리는 알아야 한다. 절대로 이 가끔의 타성에서 벗어나서 이제부터 지속적이고 매일 한다는 확고한 신념으로 모든 일에 임하여 살아가야 할 것이다.

당신도 사령관이 될 수 있다

내가 육군 훈련소에 입대한 지도 어언 50년 전의 일이다. 국토방위 병역의무를 마치기 위하여 대학 졸업 전 3학년 1961년 4월에 자원입대하였다. 대학 졸업 후 취업의 자격에 반드시 병역필자라야 응시 가능했기 때문이다. 전방에서 병역 생활을 마치고 육군 병장으로 제대하였으니 지금은 예비역 육군 병장인 셈이다. 흔히들 젊은 남자들이 모이면 군대시절 화제가 많이 등장한다고 한다.

내가 신병 시절에 19연대장(이춘섭 대령)의 얼굴 모습이 지금도 생생하게 기억되지만 당시에는 어찌 그렇게도 품격을 갖춘 늠름한 부대장으로서 마치 다른 세상에서 오신 지휘관으로 착각할 정도였다. 졸병의 눈에 대령 계급 견장을 달고 지휘봉을 항상 쥐고 부대를 순찰하신 그분의 훤칠하고 반듯한 얼굴이며 6척 장신의 체구가 너무 선망의 인물이었기 때문이다.

가끔 사단장이 예하부대 순시차 별판을 단 지프가 부대에 오는 날이면 온 부대가 술렁이며 육군소장인 장군의 모습을 보기 위해 마음이 설레던 기억 또한 잊을 수 없는 추억이다. 당시의 사단(3개 연대와 포병 1개 대대) 예하 병력이 1만 명 정도였으며 1개 연대 병력은 약 3천 명이 아니었나 추측된다.

우리나라 역사를 보면 옛날의 장수나 장군들이 수십만의 병졸을 지휘하여 전쟁에서 적을 물리치고 나라를 수호하는 인물들은 체격이 6척 거구이며 성격이 호방한 모습으로 비쳐지고 있는 것을 흔히 사극을 통하여 상상할 수 있다. 수십만 대군의 적을 바다에서 대파시킨 지략과 지혜를 겸비한 불멸의 이순신 장군 역시 우리 역사에서 빼놓을 수 없는 지휘관이 아니었는가.

이제 반세기가 흘러 그분들은 이미 고인이 되었을 것으로 추측되나 그분들의 예하 부대원들은 유체 부하들로 물리적으로 육신을 지닌 사람들의 지휘관이었다고 할 수 있겠다.

현역에서 사병이 지금부터 사령관으로 오르는 나만의 비법을 소개하고자 한다.

하루의 시간이 24시간일 때 먹고 자고 쉬는 시간을 빼고 나면 우리가 이용하고 지휘할 수 있는 시간이 16시간 정도이다. 한 달이면 480시간을 지휘할 수 있는 중대장쯤의 계급을 달 수 있다. 바로 시간을 지휘하는 부대장이 된 것이다.

서양 격언에 시간을 죽이며 사는 쓸모없는 사람이 있는 반면 시간을 호령하고 지휘하며 사는 장군이 있다고 했다. 지금 당신은 시간을 죽이고 있는killing times 인물인가, 시간을 사용하며 마음대로 지휘하고 있는 Commanding times 인물인가. 가늠해 보라.

같은 방법으로 계량할 때 1년이면 5,000시간을 멋지게 지휘하는 부대장이 되어 있을 것이고, 10년이 흐르면 5만 명이나 되는 부하를 이끌고 살아온 사령관이 될 수 있는 것이 확실하다.

'일만 번의 법칙'이 있다고 한다. 아무리 불가능해 보이는 업적이라도 만 번의 연습과 실천이면 모든 일이 반드시 이룩된다고 한다. 망치와 정으로 돌멩이만을 쪼고 다듬는 석공이라도 한 가지 일에 5만 시간을 쏟아부은 뒤 불후의 작품을 탄생시키어 그 명작을 세상에 남겨 후세에 추앙받는 예술가 로댕으로 태어나 이름을 남겼다. 조개껍데기를 갈고 닦아서 붙이는 칠보 공예를 몇만 번 시간을 지휘해서 지내 온 결과 공예의 명장이 되고 거장으로 그 업적이 후세에 빛날 인간문화재가 되어 지금도 생존해 있는 분들이 많다.

예술 분야가 아닌 의학 또는 과학이나 사회 분야에서도 1만 시간이나 5만 시간을 이끌어 지휘해 온 부대장이라면 사령관급(중장)의 별을 두세 개 다는 영광보다 더 큰 인류에 공헌하는 사람들에게 주어진 노벨상까지 받는 것은 지극히 당연한 결과일 것이다.

살아갈 날이 많이 남은 젊은이일수록 많은 부하를 지휘해서 역사적 전쟁의 영웅으로 후세에까지 추앙받은 고구려 시대 연개소문이나 을지문덕 장군보다 더욱 위대한 장군으로 탄생되어 있을 당신 자신을 생각할 수 있음은 확실하다. 지금부터라도 하루에 16명의 부하를 이끌고 전략을 수립하고 전술을 가르쳐서 쓸모없이 부하를 죽이지 말고 전쟁에 준비하는 훈련을 할 때 1년이면 사령관(군단장급)이 충분하며 10년이면 위대한 영웅이 될 수 있음을 내가 보증한다.

꽃방석

벚꽃이 만발한 지 한 주일도 지나지 않아서 흐드러지게 핀 꽃잎이 바람에 몸을 내맡긴 채 길 위로 내려앉고 있어서 아쉽고 안타까운 마음이나. 태어나서 싱싱한 젊음의 생명을 다하고 목숨을 내어 놓고 그들의 고향인 흙 속으로 돌아가려는 듯 곱게 다듬어진 자락길(산책길)을 백색 바탕에 분홍빛으로 수놓은 꽃잎 홑이불을 만들어 덮어씌우고 있구나.

길가에 놓인 벤치에 소복이 쌓인 꽃잎 방석에 앉아서 궁궐 속 내전 임금님 침실 속에 비단 보료보다 더 값진 꽃방석이 아닌가. 흐뭇한 마음인 것을 오늘의 산책길이 어찌 행복하지 않겠는가. 아마 며칠 후엔 시들어 진 꽃잎들이 그 생명을 다하고 짧은 일생을 마친 천재들의 요절을 흉내 내어서 저승 속으로 돌아가겠구나 생각하니 마음이 서글퍼지는 것이 어쩔 수 없구나.

한목숨 다하여 마치는 일생이 인간하고 다를 바 없으니 불꽃처럼 화들짝 피어 짧은 생애를 살다 간 벚꽃 하며, 모질게도 강한 체질을 타고나서 인고의 세월을 견뎌낸 우리 민족처럼 꽃잎을 오래오래 버티어 낸 우리나라의 무궁화도 있어서 그 꽃들의 각기 다른 운명이 마치 인간들하고 비슷하다 할 것이다.

예부터 꽃 하면 우선 떠오른 것이 '어사화御史花'가 있어서 조선조에 과거시험에서 장원 급제한 선비가 머리에 노랑, 보라, 다홍 3색의 종이 꽃잎 모자를 쓰고 고향으로 금의환향할 때 쓰는 꽃 모자로 꽃의 의미가 명예를 상징하였다. 화관무花冠舞라 하여 긴 색비단 소매를 단 적삼을 입고 공중에 팔을 뿌리며 종이꽃으로 만든 모자를 쓰고 추는 춤은 그 의미가 나라의 안녕과 평화를 빌고 사람들의 행복을 기원하였으니 꽃이 지니고 있는 상징적인 의미는 깊고도 다양하다고 하겠다.

1970년대에 가수 은희가 부른 '꽃반지 끼고' 노래 속의 꽃 이야기는 젊은 사람들에게 달콤한 사랑을 담아 속마음을 은밀하게 건네주고 새로운 만남과 이별의 기쁨과 아픔을 너무 잘 나타내 주고 있다고 하겠다. 꽃을 선물하고 꽃으로 속마음을 전하는 풍습은 예나 지금이나 다름없이 능소화라 해서 공부하기 위하여 먼 길을 떠나는 친구에게 좋은 결과를 바라면서 주는 격려의 꽃이 있고, 장미꽃으로는 진한 애정을 표시하기도 했으며, 장수무병을 기원하는 백합꽃 등이 인간의 희로애락을 꽃으로 표현해서 우리 생활 주변을 감싸고 있는 사연들에 그 의미를 아주 적절하게 나타내 주고 있다고 할 것이다.

산자락을 돌아 흐르는 홍제천으로, 바람에 날리어서 강물 위로 떠내려가는 꽃잎의 모습은 이별의 아쉬움을 나타내듯 이 구비 저 구비를 부딪쳐 가며 정든 고향에 좀 더 머물고자 하는 애처로운 모습이 아닐는지. 이 꽃잎들의 긴 이별의 아픔을 누가 더 진솔하게 표현하는 아름다운 글을 쓸 수 있을까.

'곁에 있어 주세요, 이별은 싫어요' 하는 7080세대의 가수 임수정이 부른 '연인들의 이야기'라는 가사가 연상되는, 마치 긴긴 사연을 담은 편지를 쓰듯 꽃잎들이 강물 위를 떠내려가고 고향을 떠나 먼 길을 가고 있다.

긴긴 봄날이 저물어 가도 아무도 찾아주지 않는 이 강둑 위에서 흐르는 물 위에 꽃잎의 한 일생을 생각하면서 가다가다 어느 구비에서 조약돌과 만나 사랑도 나누고, 젊은 혈기를 불사르며 일생을 마무리하리라 기원도 해보면서 오늘의 슬픈 꽃잎들의 이별이 내일의 찬란하고 아름다운 만남을 기약했으면 얼마나 좋을까 상상한다.

인간들의 만남도 피상적으로 만나고 공리주의적인 만남이 아닌 가슴으로 꽃처럼 아름다운 따뜻한 만남이었으면 얼마나 좋을까. 허세를 부리고 욕심을 내어서 살 이유가 없을진대 마침 국회의원 선거철이라 스피커에서 쏟아지는 아둥바둥 국회의원이 되고자 울부짖는 자칭 지도자가 되겠다는 사람들의 외침이 허세의 니울이 아니었으면, 진실로 국민들의 아픔과 상처를 보듬어서 함께 울고 웃는 가슴으로 외치고 있는 사람이 당신이었으면 하고 바라는 마음이다.

4월의 따스한 봄날 바람결에 쏟아지는 꽃잎으로 뒤덮인 꽃방석 위에 앉아서 잠시 쉬면서 참으로 행복한 삶을 노래하며 행복한 마음을 하늘로 날려 보내고 싶다.

나의 유토피아 인생

공자께서는 '깊은 생각 없는 자는 반드시 가깝고 시시한 걱정을 갖고 산다'고 했다. 또한 '세 사람이 모이면 반드시 한 사람은 나에게 스승이 된다'고 했다. 내가 남에게 이로운 존재인가 아니면 해로운 존재인가 가끔 생각하고 반성할 때가 있다.

흔히들 유토피아 하면 이상향 또는 꿈꾸고 바라는 아름다운 삶의 모습이라 생각한다. 보통 사람이라면 누구에게나 이상향이 있기 마련이고, 내게도 항상 그리는 이상향이 있다.

가깝게 지내면서 거의 날마다 시간을 보내며 황혼 길을 가고 있는 세 사람의 노인 친구가 있다. 어느 날 그들의 화두에 유토피아라는 말을 걸어놓고 얼마 남지 않은 인생에서 서로에게 그동안 꿈꾸어 온 자기만의 유토피아를 이야기했다.

한 친구가 먼저 말하기를, 자기는 3남매를 두었는데 그 아이들이 건강하고 똑같이 돈 많이 벌어서 잘 먹고 잘사는 부귀영화를 누리고 살기를 바라는 것이 소망이며 자기의 유토피아라고 했다.

두 번째 친구가 말하기를, 자기는 생전에는 건강한 몸을 갖고 세끼 빵 걱정 없이 살다가 극락이나 천당을 한번 구경하고 다녀와서 죽은 뒤 갈 곳을 정하였으면 좋겠다며 그것이 나의 유토피아일세 하였다.

마지막 세 번째 친구는 말하기를, 자기의 꿈은 먼 훗날에 있지 않고 지금부터라도 매일 시간을 쪼개어서 운동하고 좋은 책 읽고 아름다운 글을 쓰며, 안경을 끼고 책을 읽는 곱게 늙어 가는 백발이 성성한 아내가 옆자리에 함께 있는 모습이 나의 유토피아라고 했다.

세 사람 모두가 우리가 쉽게 찾아볼 수 있는 평범한 생활인이라 생각된다. 그러나 부귀와 공명이 쉽게 이루어지는 것이 아니어서 절대로 유토피아의 충분한 조건이 되지 못한다. 아무리 재물 있어 호의호식으로 호사를 누린다 해도 마음의 상처는 결코 쉽게 치유할 수 없기 때문이다.

세 사식들 중 한결같이 무병장수하며 부귀를 누리기가 결코 쉽지 않고, 세 가족 중 하나가 형제들과 똑같을 수 없어서 한 사람이라도 불평하거나 마음 아파할 때(자로 재듯 똑같을 수 없기 때문) 아버지 마음에 멍울이 지어질 것이고, 그런 산란한 마음이 진정으로 행복한 유토피아가 될 수 없다고 본다. 부귀를 바라는 인간의 욕심은 끝이 없어서 항상 모자라는 느낌이다.

두 번째 노인의 사후의 행복한 삶을 바라는 유토피아가 과연 실현 가능한가를 따져볼 문제이다. 극락과 천당이 장소 개념으로 별도의 세상이 존재하는 것처럼 생가하는 것이 과연 현실적으로 타당한 것인가.

성서에도 하느님은 항상 당신의 곁에 계시어서 천당이 따로 없다고 하셨으며, 불가에서도 극락은 부처님이 당신의 마음속에 함께 찾아와 항상 자리 잡고 계신다 하였으니 따로 멀리 있는 극락세상이 존재하지 않기 때문이다. 살아생전에 베풀고 나누며 봉사하고 희생할 때 그 유토피아가 이루어질 것이라 생각된다. 살아서 다녀올 세상, 죽은 뒤 살아갈 세상이 따로 없는 것이다.

세 번째 친구의 이상향이야말로 가장 이루기 쉽고 소박하며 삶의 향기가 물씬 묻어난 유토피아가 아닐까 싶다. 세끼 빵을 해결한 뒤 더 바랄 게 있다면 건강한 몸을 가꾸고 지켜나가는 것이 무엇보다 으뜸이고 정신을 맑게 살찌우며 마음을 평화롭게 이끄는 독서야말로 참으로 향기로운 삶의 그림이 아닐까 싶다.

요즘 유행하는 말로 '구구 팔팔 이삼사!'가 있다. 99세까지 88하게 살다가 2~3일 아파서 죽는다면 더 바랄 것이 없을 것이다.

이 세상에 태어나서 반세기를 함께해 온 가장 가까운 존재인 아내가 주름진 얼굴에 안경을 걸치고 옆자리에 앉아 책을 읽는 평화로운 모습이야말로 참으로 아름다운 한 폭의 그림이 아닐까 싶다. 그것이 내가 참으로 바라는 소박한 유토피아이다.

유아 시절 싸우고 할퀴면서 놀다가 한두 시간 뒤에는 서로 부둥켜안고 웃으며 소꿉놀이를 하며 노는 모습을 흔히 볼 수 있다. 아마 한 시간 전의 미운 마음을 잊어버린 망각의 힘이 크기 때문일 것이다.

어린이들의 두뇌의 지성 발달은 커 나갈 수 있으나 감성의 지수 역할은 제한되고 있기 때문에 슬프고 화나는 일들은 2시간 후면 잊어버리게 된다고 한다. 하물며 어른들에게도 이런 망각의 작용이 24시간이 지나면 상실된다고 해서 인간들의 슬프고 화나는 사건들이 시간이 지나면 점점 소멸되어 가고 있다고 한다. 아무리 가슴이 찢어지는 비통한 사건들이라 해도 세월 속에 묻혀서 사라지고 마는 희미한 옛 추억 속으로 넘어가고만 사건들을 경험했으리라 본다.

내가 두 해 전 지하철 계단에서 미끄러져 발목 인대가 뒤틀린 사고가 있었다. 기다시피 하여 동네 정형외과에 가서 치료를 받고 깁스를 하면서 걷는 것이 불가능하여 기어서 겨우 화장실이며 식탁으로 이동하는 불편한 생활을 시작하게 되었다. 이제는 완쾌가 되어서 걷고 뛸 수 있어 산도 오르고 개천 둑을 유유자적 걸을 수 있어서 만족한 하루를 보내고 있다. 그러나 다리를 절면서 보내게 된 6개월 동안 정상적으로 걷고 뛰는 사람들을 보면서 얼마나 많은 부러움을 가졌는지 더듬어 기억해 보니 그때의 간절했던 심정이 지금은 희미한 옛 추억 속에 바구니로 숨겨지고 만 것이다.

중국 고사에 나오는 '폐용'의 성공 이야기로 폐용이란 젊은이가 청운의 뜻을 안고 시골 고향을 떠나 장안성으로 길을 떠날 때 그의 부모가 허리에 표주박을 매달아주면서 네 뜻이 이루어질 때까지 표주박을 내려놓지 말라고 당부하였다. 그가 몸을 움직일 때마다 허리에 찬 표주박이 흔들리고 소리가 나면서 처음의 결심을 되살리게 하자는 어버이의 지혜가 아니었나 생각된다.

글로벌 기업의 소개 시간에 어느 CEO의 사무실 벽에 옥수수 한 개와 물 한 잔이 유화로 크게 걸려 있는 것을 보고 유명 화가의 작품으로 착각되어서 어느 작가의 작품이냐고 기자가 물으니, 그 사장이 얼굴에 미소를 띠우며 오늘이 있게 해준 명화라고 했다. 처음 사업을 시작할 때 300원짜리 옥수수 한 개와 물 한 컵으로 점심을 때우던 그 시절을 잊지 않기 위한 그림이라는 대화를 들었다.

얼마나 감동적인 실화인가. 무릇 인간은 어제의 결심이 쉽게 무너지고 망각해 버리는 습성이 있기에 누구나 그 초심初心을 오래도록 마음속에 새겨 가며 지내는 것은 매우 어렵기에 의지가 굳어야 가능할 것이다.

내가 학생 시절에 선생님께 들은 유명한 격려 말씀이 생각나서 소개하고자 한다.

사나이로 태어나서 장부가 결심을 세우고 그 꿈을 이루겠다는 각오가 있어야 하며 그 각오를 할 때 흔히 오른쪽 주먹을 단단히 쥐며 치켜들고 맹세를 스스로에게 하게 된다. 꿈이 성취되고 성공을 거두기 전에는 주먹을 펴지 말라는 뜻이 담겨 있으나 세월이 흘러 성공한 후에 주먹을 펴려고 하니 손톱이 자라서 손등 위로 뚫고 나왔다는 유머스러운 이야기가 생각난다. 이는 각오와 굳은 의지를 나타내는 의미를 담고 있는 내용으로 기억하고 망각하는 것이 당연한 인체의 두뇌구조일진데 망각하는 일을 너무 쉽게 생각하는 것을 버리라는 교훈적 의미다.

오늘의 오류를 내일 또 범하게 되고 오늘의 결심이 내일이면 물거품이 되고 말 것이며 젊은 날의 꿈과 계획이 허무하게 사라져버린다면 당신의 미래는 어떻게 될 것인가 하고 잠시 숙고해 보시기 바란다.

망각하지 않기 위하여 오래도록 기억하기 위해서는 크게 표어를 적어 눈앞에 잘 보이도록 벽이나 책상 앞에 또는 화장실 앞에 붙여 놓고 매일 매 시간마다 보고 읽으면서 마음을 다져 나가는 것 또한 한 방법이라 믿는다.

고사 속의 폐용이 쓰는 방법이 아니라 하여도 망각하지 않기 위한 지혜로운 당신만의 방법을 찾아 실행해 보자. 반드시 세월이 흐른 뒤 성공의 대열에 당신이 서 있게 될 것이다.

우일신又日新의 4월

봄이 짙어지면서 몸이 나른해지고 마음이 느슨해지는 느낌이 든다. 생물학적으로는 각종 건강지표가 개선되고 발전하고 있으나 의욕이 상실되고 해이해지는 느낌은 어떤 이유일까. 날마다 오르는 앞산의 안산 산책길이 즐겁고 희망스럽지 못하고 억지 춘향이란 말처럼 시간을 죽여 가는 잡일처럼 아무런 가치를 느끼지 못하고 있으니 말이다.

인간의 욕구가 동물적일 때 먹고 마시고 자고 하는 일이 만족스러울지 모르나 심리적 욕구나 사회적 욕구가 채워지지 못할 때 그때 일어나는 절망과 좌절의 기분이 일어난다고 한 심리학자 매슬로우의 말이 생각난다.

주위에 있는 사람들과 비교되고 주변으로부터 인정받지 못하는 삶이 나의 심리적 욕구와 사회적 욕구에서 연유되고 있어서 아무 의욕도 없고 희망도 사라져 가고 있는 것은 아닌지 생각해 본다.

아무리 칠흑 같은 캄캄한 밤하늘의 먹구름 속에서도 반짝이는 별빛을 찾으려고 희망의 끈을 꼭 붙잡고 지내온 지난 세월이 그리워진다. 그때는 가족과 주변 사람들에게 인정받기를 바라며 남과 비교하여 좀 더 월등하려고 애쓸 수 있는 희망이 걸려 있었기에 나를 추스르고 몸과 마음이 역동적이나마 그리운 생활이 아니었나 생각된다. 뉘엿뉘엿 저물어 가는 해 질 녘 길에 서 있는 지금의 몸과 마음에 시들어지는 상념들을 무엇으로 어떻게 바로잡고 세워줄 방법이 무엇이 있을 것인지 발걸음마다 물어보게 된다.

중국의 은나라 성군인 탕왕은 세숫대야에 나날이 새로워지고 하루하루 새로워지고 또다시 새로워지라는 의미로 '苟日新, 日日新, 又日新(구일신, 일일신, 우일신)'이란 글귀를 새겨놓고 아침마다 마음을 다스리고 자신을 굳게 지켜나갔다고 했다. 천하를 다스리고 백성을 보살피는 새로운 일들이 얼마나 많고 힘들었겠는가.

보통 사람인 내가 할 수 있는 일이 무엇이란 말인가. 먹구름장이 뒤덮고 있는 캄캄한 밤하늘에서 그래도 반짝이는 별을 찾아보는 한 가닥 희망을 찾으려고 애써야 할 것이라고 마음을 고쳐먹으며 지난 몇 년 전에 파도에 휩쓸려 풍랑을 만나 고생하던 시절을 그려보며 지금의 행복한 둥지를 감사해 보련다.

몸과 마음이 만신창이가 되어서 겨우 3부 능선으로 안산을 돌아오던 힘들었던 때에 비하면 스스로도 놀라우리만큼 이젠 9부 능선이나 정상까지 다녀올 수 있는 체력의 향상과 더불어 잡문이나마 몇 편의 글을 쓸 수 있는 마음의 여유가 있어서 얼마나 다행스러운 일인가.

며칠 전 아내와 함께 고향에 다녀왔다. 고향마을 아주머니 되시는 분이 99세에 작고하셨는데 그분의 고종명考終命이 너무 값지어서 온 고을의 칭송과 부러움 속에 장례를 치렀다고 했다. 아침에 가족들과 함께 식사 후 화장실을 다녀오시더니 주무시듯 점심시간에 숨을 거두셨다고 하는데 그야말로 99세까지 팔팔하게 사시다가 두세 시간 후에 운명하셨으니 얼마나 큰 복을 누리셨는가.

그분의 생전에 따뜻한 성품과 인자하신 덕성을 지니신 유호덕攸好德 때문이라고 모두가 입을 모았다. 요즘 우리가 말하는 호상好喪인 것이다.

우리 모두 반드시 맞이할 수밖에 없는 숙명인 고종명을 생각해 보면 누구나 마음은 부처가 되고 예수님이 되곤 할 것이다. 그러나 이러한 진리를 깜박 잊고 천만 년 인생인 것처럼 아등바등 양심을 속이며 욕심을 부려서 설혹 사회적 욕구를 채워낼지라도 그 무슨 의미가 있겠는가. 모두가 부질없는 사연들이라 믿는다.

요즘 세간에 떠도는 한국의 최고 재벌가에서 벌어지고 있는 형제 남매들 간에 선친의 유산인 재산분쟁을 시작으로 인격모독의 감정싸움으로 나아가 선대에 일어난 집안의 치부까지 세상에 드러내 놓고 말았으니, 그들의 강녕이 온전하겠으며 지하에 계신 그들의 선대는 얼마나 비통해 할 것이며 골육상쟁의 모습이 세상의 웃음거리가 되어서 그들의 자식들에게 무슨 본보기를 남겨줄 것인가.

욕심이란 괴물이 날뛰고 극에 달해서 치부를 드러내며 세상의 화젯거리가 되어버린 그 좋은 예가 안분지족安分知足의 산 교훈이 아닐는지. 고산孤山 윤선도가 정변의 피해를 입고 벼슬길에서 물러나 낙향하여 유유자적 자연을 벗 삼아 부르는 오우가 중에서 나무도 풀도 아닌 대나무를 칭송하는 대목이 생각난다. 곧고 강한 모습이 하늘로 치솟아 높은 기상을 뽐내고 세찬 바람이 불면 바람 따라 적당이 머리 숙여 흔들릴 줄 아는 대나무야말로 고산 선생이 벗으로 삼고자 했으니 내게도 너무나 마음에 와 닿는 삶의 지혜로움이 아닌가.

나물 먹고 물 마시고 팔 베고 누워 떠다니는 하늘의 구름을 구경하고 글 읽고 노래하며 지난 세월을 그리워하고 맞이할 세월을 기다리면서 위대한 업적을 남긴 위인들의 성적표가 아닌 보통사람의 성적표라도 과락科落의 낙제점수는 면하도록 우일신又日新의 마음을 다져 먹으며 몸을 다지고 마음을 밝게 하여 시간을 소중하게 아껴야 할 것이라 마음먹어 본다.

오는 5월의 싱그러운 녹음을 맞이하리라. 꽃은 사라지고 푸른 잎들로 인해 마치 젊음의 아우성으로 온 세상이 가득 차 있는 5월을 기다리며 4월을 보내리라.

직관과 선입견을 버려라

인간은 변화를 추구하며 살아가고 있다. 오늘보다 내일을 위하여 자기 모습을 변화하고자 하는 욕망이 있는 것이다.

무인도나 산속에서 홀로 살아가는 모험가나 혹은 수도자가 아닌 바에는 많은 사람들과 필연적으로 섞여서 함께 사는 것이 세상살이일진대 우리는 매번 타인을 만날 때마다 직관이나 선입견을 가지고 그 사람을 저울질해서 점수를 매기고 평가하게 마련이다.

자기 머릿속에 저장하고 데이터베이스에서 내어준 경험적 정보에 의한 판단으로 먼저 상대를 인식하고 마는, 즉 선입견이라는 도구를 이용하게 마련이다. 얼굴에 좀 흉터가 있거나 코가 납작하거나 키가 좀 작은 경우 선입견에서 그를 가벼이 보며 소홀하게 취급하는 태도를 보이기 쉽다.

내가 경험한 바에 의하면, 두 사람의 부하 직원이 전출 배속되었는데 한 사람은 얼굴이 반듯하고 눈이 부리부리하며 키가 훤칠한 미남의 강릉 출신의 청년이었으며 그의 가정 또한 크게 숙박업을 경영하여 부유한 가정에서 자란 사람이었다. 반면 다른 사람은 언청이 수술 자국이 얼굴에 남아 있었으며 몸이 왜소한 전라도 시골 출신의 청년이었다.

두 사람을 새로 맞이한 상사의 입장에서 직관과 선입견에서 업무 배속을 고민하다가 강릉 출신 행원은 창구에서 대고객 업무를 하도록 하였으며, 전남 출신 행원은 후선에서 장부정리를 하도록 하였다. 그러한 선입견이 얼마나 틀리고 무서웠는지는 얼마 안 가 밝혀지고 말았다.

창구 직원이 된 행원은 놀이에만 탐닉한 결과 고객의 예금을 횡령하고 징계 절차에 의하여 사표를 내고 말았으며, 후선의 편견에 의하여 불이익을 당한 직원은 본사의 기획 업무까지 발탁되는 모범 직원이 된 사례가 있었다. 사람의 외모만을 보고 판단한 선입견이 얼마나 큰 오류였고 실수였음을 증명한 것이다.

대개의 경우 반듯한 얼굴이 일도 반듯하게 하는 경우를 자주 보아 온 것이 사실이었으나 일상생활에서 그 사람에 대한 편견이 얼마나 크고 무서운 악영향을 끼치는지 그 예를 하나 더 들어보려고 한다.

직원들이 예금 정보를 위한 방안에서 시작하여 신규 고객 유치를 위한 섭외 방법을 연구하라는 주문을 과제로 주고 각각 발표를 하게 하였다. 조 군은 평소 소심한 성격에다 적극적인 성격이 아니어서 크게 기대하지 않은 직원으로 내 머리에 저장된 정보 속에서 과제를 발표하기 전부터 편견으로 그렇고 그렇겠지 도외시하며 무관심으로 지나친 결과, 그 내용이 정부 각 부처의 재정 자금의 흐름 내역과 그 시기며 예상 금액을 조사하여 발표하고 일목요연하게 도표를 만들어 발표함으로써 모든 사람들을 놀라게 했다. 나 또한 과거에 지닌 편견이 얼마나 무섭게 틀렸는지를 반성하고 후회하는 일이 있었다. 그런 일이 있고 난 후 나는 섣부른 직관을 삼가하였으며 선입견으로 인한 편견은 기억의 정보처리 데이터베이스에서 한 번의 필터로 걸러 내는 습관을 갖게 되었다.

그러나 직관에 의한 성과를 얻어낸 경우도 있다. 흔히 선견지명先見之明으로 불리고 있으며 이는 성공적이고 긍정적인 성과를 가져올 때 사용되는 경우다.

대개의 경우 정상의 지도자나 최고 경영자들의 순간의 판단력과 결심이 위기 상황이나 불투명한 미래 상황을 예단하여 내린 결정은 수많은 실패와 축적된 경험을 바탕으로 나온 지혜이므로 선입견이나 편견이 아닌 것이다.

미국의 리얼 타임즈 미니시리즈 24회 극중에서 주인공 잭 바우어는 다른 요원들의 토론과 분석보다 자기 감만을 믿고 추진한다. 그리고 그의 직관은 언제나 성공한다. 오랜 경험을 통해 닦은 실력이 직관에 의한 빠른 결정을 가져다준 것이다. 즉 24시간 안에 벌어질 국가적 위기를 해결하는 데 있어 자기 직관의 방식인 감만으로 입증하게 된다. 그러나 전시에는 잭 바우어가 동료나 상급자들에게는 유용하였으나 평상시에는 쓸모가 없으며 조직에는 위해가 되는 존재로 전락하게 되며, 다른 사람들은 잭 바우어가 항상 위험스런 인물이며 좌충우돌을 일으키는 사람으로 간주하게 된다. 결국 그의 생명력은 짧게 끝나고 만다.

우리가 선입견이나 직관에 의하여 어느 정도 의지하며 지낼 수밖에 없으나 이는 우리 생존을 오래 유지하는 보호막이 될 수 없기 때문에 머릿속의 정보망에 들어 있는 정보들을 1차 가공으로 필터에서 걸러내는 습관과 훈련을 쌓아가야 한다고 생각한다. 이 직관이나 선입견이 진실을 가로막는 장애가 되며, 나아가서 직관이나 선입견이 자기를 함정에 빠뜨리는 요인이 되기 때문이다.

하루에 두 번 인사

서양 사람들은 사람을 만나면 오른손을 들고 '하이Hi' 또는 '헬로우Hello' 하며 인사를 건넨다. '오늘도 즐거워라' 하는 의미가 있다. 우리나라에서는 '안녕하세요' 또는 '밤새 안녕하십니까' 하고 인사를 건넨다. 요즘은 '좋은 아침입니다, 반갑습니다' 등등 다양한 말과 함께 인사를 하고 있다. 손을 든다든지 목례를 한다든지 또는 허리를 굽혀 배꼽 인사를 하는 경우도 있다.

상대가 안면이 있건 없건 만날 때 친절하게 반가운 표정의 인사를 건네는 것이 아름답고 따뜻한 관계를 만들어 나가는 첫걸음인 것이다. 그러나 이웃을 모르고 지내는 각박한 세상이 되고만 현실을 생각해 보면 한탄스러울 뿐이다.

마치 원한으로 마주치듯이 차디찬 얼굴로 지나치고 있는 도시 사람들이 왜 이렇게 되었을까 생각해 보게 된다. 배가 고파서 그런지 아니면 잠을 못 자서 그런지 또는 죽을병이 있어서 그런지, 마치 세상을 등지게 될 죽을 운명의 선상에서 살고 있는 사람처럼 메마르고 각박한 생활을 하고 있는 것이다.

내가 은행의 초급 행원 시절에 경상도 출신의 선배 행원은 신장이 150cm 정도의 왜소한 체구에 외모가 잘생겼다고 말할 수 없는, 미안한 표현이지만 추남에 가까운 분이었다. 당시에 은행원의 조건이 실력이 좋아야 하며 체격과 외모가 준수해야 하는 조건에는 턱없이 모자란 분으로 생각된다. 물론 우수한 시험 성적으로 합격하여 은행원이 되었다고 믿는다.

그런데 독특한 습관이 몸에 배어 항상 주위 사람들을 놀라게 하였으며 나를 감동시킨 바 있는데 그것은 바로 그분의 인사하는 모습이었다. 윗사람에게는 물론이고 동료 부하직원들에까지 항상 허리 굽혀 먼저 인사를 하였으니 후배 행원 입장에서 송구스러울 때가 많았다. 종래에는 그 선배분은 조흥은행의 1급 충무로 명동지점 점포장까지 역임하셨다. 그분의 인품은 겸양의 덕을 갖추었음은 물론이려니와 두뇌가 명석하여 부하직원들의 경조사까지 기억하신 후덕한 성품을 지닌 어버이 같고 형님 같으신 어른으로 지와 덕을 겸비하신 명장으로 기억된다.

돌이켜 보면 한 가지 일에 정통하고 출중할 때 열 가지의 일이 우수하다는 격언의 산 증언이 아니었나 싶다. 아무리 얼굴이 잘생기고 체격이 건장해도 그가 행동하는 겉치레가 허술하다면 성공하기 어려우나 비록 왜소한 체구라도 그가 풍기는 아름답고 슬기로운 습관이나 행동이 성공의 충분 요건이라 생각한다.

자식 자랑은 팔불출이라지만 한 가지 일화를 더 소개하고 싶다. 내 아들(현재 경희대 강동병원 흉부외과 교수)이 초등학교 저학년 시절이다. 동네 어른들을 볼 때마다 인사를 잘하고 옆집 아주머니에게는 하루에 두세 번 마주칠 때마다 인사를 하여 '인사 잘하는 꼬마'라는 호칭까지 얻었던 기억이 난다. 그 아이가 세브란스 병원 수련의사 시절에는 우수한 친절 직원으로 선정된 바도 있어서 아비에게는 어떤 큰 재화보다 큰 기쁨을 주었던 기억이 난다.

인사는 상대를 존경하고 나를 낮추는 행동임에도 더 나아가 사람의 마음을 편안하고 즐겁게 하여 다른 일에도 그 기운을 감싸주는 신비한 마력을 지니고 있다. 깊숙이 허리를 굽히며 하는 인사가 아니더라도 가볍고 따뜻한 마음을 실어 인사를 건네는 훈련을 오늘부터라도 실행해 보는 것이 인생을 빛내고 풍성하게 살 수 있는 밑거름이라 믿어진다. 지금부터 실행해 보자.

늙은 안산의 얼굴 모습

11월의 끝자락에 이르니 안산(일명 새산)에는 유화 물감으로 뿌려진 솜뭉치 같은 오색 단풍 숲이 자태를 자랑하고 있다. 유명한 화가 피카소의 그림이 이토록 장엄할 수 있을까. 천지조화로 이루어낸 사계절의 신비로운 작품이야말로 인간의 어떠한 그림에 견줄 수 있겠는가.

지난 1년 동안 나를 쉬게 한 벚나무는 푸른 옷들을 모두 벗어 던지고 갈색 누더기 천으로 몸을 감싸고 찬바람을 견디고 있다. 꺼져 가는 나를 붙들고 불씨를 살려낸 고마운 이곳 126계단의 나만의 명상 자리에 오른 지도 어언 한 해가 지나고 있으니, 내 옆에서 말없이 친구가 되어 준 어린 벚나무가 그동안 정이 깊어져 앙상한 모습이 한없이 안쓰러운 마음이다. 그래도 반드시 돌아올 여름에는 치렁치렁한 푸른 머리와 곱게 다듬어 늘어진 풍성한 모습을 그리워하며 기다려 보련다.

설악산에는 산자락까지 단풍이 가깝게 찾아왔다는데 안산 그대는 아직도 그대로 빨강, 노랑, 갈색들의 물감이 질서 없이 흩어져 한 무리의 인디언들 머리 모양들 같구나. 그래도 나에게는 더없이 다정하고 아름답게 느껴지는 벗님이 아니던가. 지난봄에는 싱그러운 새색시처럼 곱고 매끄러운 옷을 입은 꽃밭이었는데 이제 그 모습이 너무 늙어버렸구나.

내게 생각을 건네주고 희망을 내밀어 준 소중한 당신이기에 오늘도 어제도 감사한 마음으로 메말라버린 꽃밭을 거닐면서 먼 훗날 꿈의 숲으로 변하여 그대처럼 내 인생을 함께 풍성하게 살찌우리라 믿으련다. 지금은 마치 황혼 길에 들어선 내 모습과 같아서 황량하고 쓸쓸하고 일년초 야생 꽃밭에서 향기로운 민트 향기도 사라진 지 오래지만 다시 봄이 오고 나면 초록빛 비단결 같은 옷을 걸치고 짙은 민트 향수를 온몸에 뿌리며 나를 맞이해 주리라 믿는다.

그래도 목숨이 질긴 로즈마리 옆집으로 이사 온 클레라이스는 아직도 꽃잎을 머리에 이고 있어서 그놈들의 건강한 모습이 부럽기만 하구나. 내게도 다리에 힘이 붙어서 질긴 생명력이 솟기를 희망하면서 다시 오는 봄에는 더 높이 300계단쯤으로 생각의 자리로 이사하고픈 심정이다. 그곳이 아마 안산의 7부 능선쯤이 되지 않을까 짐작한다.

내게도 싱그러운 시절이 분명 있었는데 그 향기와 모습은 이미 허공으로 사라지고 이젠 그대처럼 앙상하게 야위고 메마른 알몸이 되어버린 모습이 어쩌면 우리가 같은 운명이 아닐까 싶고, 자연의 위대한 조화를 비켜가지 못하고 순하게 맞이할 뿐인가 보구나. 이것이 순리며 조물주의 법령에 따라 살아가는 모습이라 체념하면서 이 생명을 다하도록 그 뜻에 띠르리라

그래도 한 줌 아쉬움이 남는다면 강남으로 날아간 제비가 또다시 건너오는 새봄이 오고 또 여름이 오면 그대는 푸른 물감을 들이고 오색 색동 저고리로 물들인 옷을 입을진대 나도 따라 비단 까치옷을 걸쳐보고 싶어진다. 온갖 풍상을 다 겪으며 지내고도 난쟁이 마을에 임꺽정처럼 힘차고 장대한 모습으로 우뚝 솟은 건넛마을에 살고 있는 소나무처럼 항상 푸르고 넉넉한 모습이 내 미래의 꿈이며 희망이었으면 한다.

다리에 힘이 붙고 혈당이 내려가고 정상이 되어서 걷고 뛸 수 있었으면

하고 바랄 뿐이며 그리운 금강산에도 오르고, 더 나아가서 욕심을 부린다면 좋은 책을 읽고 알찬 글을 쓸 수 있었으면 금상첨화가 아닌가 싶다. 훗날 내 후손들에게 부끄럽지 않기 위해서이다.

아무리 차고 매서운 바람이 불어와도 국화는 꽃망울을 내밀면서 질긴 생명력을 뽐내고 있으며 자랑스러운 우리나라 무궁화는 꽃을 피워 그 존재를 삼천리강산에 널리 알리고 있구나.

고희를 지내고도 76세에 처칠 영국 총리는 국민들의 재신임을 받았고, 독일 총리 아데나워는 86세에 총리를 다시 지내신 분이었기에, 새봄을 기다리는 내게도 솟아오르는 희망을 가져다주고 있어 이것이 허황된 꿈이 아니고 분명 밀려오고 있는 밀물처럼 진실이 되었으면 바랄 뿐이다.

준비하고 있는 사람에게 일어나는 겹겹이 쌓인 꿈을 이루어내는 필연의 사실이 내게도 반드시 찾아올 것이라고 확신하며, 기쁨을 가득 안고 오늘도 하루를 재며 뚜벅뚜벅 걸어가고 있다.

말만 잘해도 성공한다

침묵은 금이고 웅변은 은이라는 옛 격언이 있다. 그러나 현대의 정보화 시대에는 달리 말하고 싶어진다. 말을 잘하는 것이 침묵을 지키고 있는 것보다 더 효과적이기 때문이다. 다시 말해서 말이 금이고 오히려 침묵이 은이라 할 것이다. 말은 다듬어서 잘하기가 어려워서 차라리 말하지 않고 침묵을 지키는 것이 금이라 표현한 것은 중간밖에 안 된다.

링컨의 피츠버그 연설에서 그를 위대한 대통령으로 만들었고, 처칠 총리의 옥스퍼드 졸업 축사에서 '포기하지 말라'는 같은 말을 7번 반복해서 외치고 축사를 마친 일화는 너무나 유명하다. 고려 시대 서희가 훌륭한 웅변으로 당나라 30만 대군을 물리친 이야기가 있으며, 故 노무현 대통령이 국회의원이었을 당시 청문회에서 보인 말의 힘이 대통령을 만든 밑받침이 되고 실마리가 된 이야기도 유명하다.

말을 잘못해서 남에게 상처를 주고 피해를 주는 것보다는 아예 입을 닫고 중간에 서 있는 것이 조금 나을 뿐이나 말을 잘해서 남을 기쁘게 하고 힘과 용기를 주는 것이 제일가는 금이라 생각되기 때문이다. 자라나는 청소년들에게 꿈과 희망을 심어 줄 수 있는 것도 말의 힘이요, 남의 마음에 응어리와 한을 풀어 줄 수 있는 것도 말의 빛나는 가치가 있기 때문이다.

'말 한마디에 천 냥 빚을 갚는다'라는 속담이 있어 예부터 우리 조상들

은 말의 힘과 지혜를 후손들에게 가르치고 있었다. 그러나 말의 무서운 힘은 생각보다 깊은 상처를 줄 수도 있으며 때로는 절망을 건네는 독약이 될 수도 있음을 알아야 한다.

따뜻한 말은 천 냥 빚을 갚을 수도 있으나 차갑고 날카로운 말은 천 냥 빚을 만 냥 빚으로 키우며 더 나아가서 목숨까지 앗아가는 처참한 결과를 낳을 수도 있음을 우리는 많이 보아왔다. 아버지가 아들에게 한 모진 말이 결국에는 아들이 자살하도록 하는 독이고 칼날이 된 뉴스를 보고 그 말의 영향이 미치는 힘이 얼마나 크고 무서운가를 실감할 수 있었다.

미국의 뉴욕 거리에 걸인 한 사람이 볼펜 자루를 놓고 행인들에게 구걸 행각을 하면서 볼펜을 사달라고 호소하고 있었는데, 모두가 그냥 지나치기도 하며 간혹 볼펜을 사주기도 하였다.

어느 한 중년신사가 발길을 멈추고 그 앞에 서며 말하기를,

"당신은 이 볼펜을 한 개씩 팔고 있는 사업가이지 볼펜으로 구걸하는 거지가 아닙니다."

이렇게 따뜻한 용기를 주는 말을 듣게 된 거지는 몇 년이 흐른 뒤에 중견 사업가로 세상에 알려지게 되었고, 자기의 자전적 성공 이야기 속에 지난날 거리에서 볼펜으로 구걸하던 시절 그 신사의 희망을 준 말 한마디가 자기 인생을 바꾸었다는 회고록을 읽은 바 있다. 이렇듯 말은 사람을 살릴 수도 있고 죽음으로 몰고 갈 수도 있으니 우리가 항상 하는 말의 가치를 음미해 보고 내가 하는 말의 색깔이나 말의 온도 등을 따져 볼 필요가 있다.

그리고 말소리의 크기는 보통 음보다 한 음 낮추어서 말하는 습관이 필요하다. 쉰 소리나 빠르게 말하는 것보다는 천천히 낮은 목소리로 말하는 것이 좋다. 부드러운 말투가 상대를 편안하게 만들고 둘의 사이가 좀

더 가까워지는 실험을 지금 당장 가족들이나 친구들에게 해보자. 놀라운 효과를 발견하게 될 것이다. 거기에다 웃는 얼굴을 함께하면 그 말의 힘이 열 배, 백 배로 커져 가는 사실을 알아야 한다.

홍제천(서대문구)의 징검다리를 건너 산자락에 자리 잡은 허브원으로 들어서면 일년초 꽃밭에는 발목만큼 자란 여러 종류의 꽃들과 새순이 땅을 박차고 힘차게 얼굴을 내밀며 올해의 찬란한 삶을 기약하고 있다. 그 중에서도 보라색의 초코민트와 연분홍색의 애플민트 꽃무리들이 봄을 알리는 데 앞장서 있고, 빨간색의 페퍼민트 꽃은 향기를 진하게 선사하고 있으며, 길옆 바위틈에 뿌리를 박고 서 있는 분홍색, 흰색 옷을 입고 자유롭게 사는 철쭉꽃은 각자 다른 모습의 화사한 얼굴로 등산객들을 맞이하며 인사를 건네고 있다.

샛길을 따라 중턱으로 더 오르니 허리까지 키가 자란 황매화 나무숲이 양쪽으로 도열해서 세계선수권대회에서 우승하고 귀국한 선수를 맞이하듯 열렬한 환영인사를 건네고 있어서 마치 내가 귀빈이 된 듯한 기분이다. 무서우리만큼 젊음의 기운을 폭발하듯 내뿜고 자랑하던 벚꽃이 짧은 생을 마감하고 숨을 거둔 지 2~3일 만에 곧이어 스산한 길을 황매화 무리가 나타나서 그나마 다행스럽게도 쓸쓸한 마음을 채워주고 있다. 곧 뒤를 이어 철쭉 무리가 10여 미터 길이로 흩어져서 저마다 분홍, 빨강, 흰색의 옷을 입고 산을 오르는 사람들의 마음을 따뜻하게 맞이하고 있으니 잠시나마 속세의 짐을 내려놓고 신선이 된 기분이다.

산을 오른 지 한 시간이 되어 중턱에 이르니 우윳빛 안개가 시야를 가리어서 한 치 앞을 볼 수 없는 미로 속으로 나를 인도하니 마치 저승의 혼들이 안개 속에서 살아나 촉촉하게 젖은 피부 속으로 스며들어, 어제의 일들과 오늘의 할 일이 무엇이며 내일은 어떤 일로 하루를 보낼 것인가 속삭이듯 물어보고 있는 듯하다.

집요하게 따라다니던 근심과 걱정으로부터 멀리 떠나 있는 듯 잠시나마 신선들이 살고 있는 다른 세상 속에 들어와 있는 기분이어서 안개 속에서 맛보는 어지러운 세상과의 단절감으로 잠깐이나마 잔잔한 행복을 느낄 수 있었다.

지난 젊은 시절에는 계획을 세우고 그것을 성취하고자 한 의지로 자만하기까지 하였으나 뜻대로 되는 것이란 거의 없고 지나간 세월들… 그러나 끊임없이 요구되는 심리적인 사회적 욕구는 어제도 오늘도 우리를 괴롭히고 있으니 우매한 인간이라 증명하듯 한 치 앞을 내다볼 수 없는 안개 속 길을 걷고 있는 이 산길이 우리 인생의 축소판이 아닌가. 우리가 가고 있는 길이 오솔길이든 돌밭길이든 잡초와 엉겅퀴가 뒤섞여 있는 황량한 가시밭길이든 우리는 미지의 곳으로 가도록 내 의지와는 상관없이 운명 지워져 있는 것이 사실이다.

안개에 가려서 정상이 어디에 있는지 보이지 않을 때 기가 질려서 오르기를 포기하고 마는 절망적인 사람도 있기 마련이나 그들은 곧 후회하게 되고 좌절한 자신을 미워하며 통탄스러운 삶을 맞이하게 될 것이 분명한 사실이 아닌가. 비록 안개에 덮여서 정상이 보이지 않아도 희망을 가지고 그 길을 오르고 있는 낙관적인 사람은 정상의 너머에 내리막길이 있음을 믿으며 지금의 괴로움과 고통을 참아내며 내일의 찬란한 성공을 기다릴 줄 아는 사람일 것이다.

당장은 안개 속에 묻혀서 깊은 계곡의 아름다움도 숲의 풍경도 볼 수가 없으나 길을 따라 걷고 오르면 정상 위에서 산의 웅장한 숲을 여유 있고 넉넉한 마음으로 내려다볼 수 있을 것이며, 건너편의 빌딩과 아파트들의 도시 모습들이 동화의 나라 속에 마치 장난감처럼 보이는 마음의 넉넉한 여유와 평온함을 맛볼 수 있게 될 것이다.

계절을 가리지 않고 산을 오르는 일이 습관으로 굳어져 산의 경치가 장관이라 계절에 따라 봄에는 봄 산의 새로운 생명력을 맛볼 수 있어서 좋고, 여름 산에서는 신록의 향기를 온몸으로 맞이해서 환희의 즐거움을 느낄 수 있어 좋으며, 가을 산에서는 오색단풍으로, 겨울 산에서는 온 세상의 얼룩진 추한 모습을 감추어버린 흰 눈의 축제가 신비로워서 좋았다.

비 오는 날에 산길에서는 우산에 떨어지는 빗방울 소리가 이름 모를 교향곡인 양 적막한 마음을 달래주어서 좋으며, 눈보라 치는 겨울 산길은 황량하고 쓸쓸한 맛이 마치 지난 세월의 한 단면처럼 느껴지고 어려운 고통을 견디어낸 의연하고 대견스러운 오늘의 자신을 받아들여져 좋은 것이다.

몇 년 동안 수십 번 오른 정상의 봉수대에서 안개가 걷힌 뒤에 만지기만 해도 깨져버릴 것 같은 맑은 하늘 아래 청명한 산 모습들이 마치 다른 세상 인간들이 살아가는 그림 속 세상이 아닌가 착각하게 만드는 오늘의 느낌은 잠시나마 안개 속 산길을 오르며 마음의 짐을 벗어버렸기 때문이 아니겠는가.

발랄하기만 한 젊은 남녀 한 쌍이 넘치는 기운을 주체 못하고 웃고 떠드는 모습이 흘러가버린 지난날의 내 모습으로 겹쳐져 그리움을 자아내고 있으며 안개가 걷힌 뒤의 정상에서 볼 수 있는 아름다운 광경이리라.

부질없이 바람을 잡으려고 허둥대며 안개가 앞을 가린다고 불평으로 지내 버린 삶의 모습이 어찌 가련하고 후회스럽지 않을 것인가. 적막하리만큼 고요한 산길에서 괴롭고 슬픈 추억의 과거가 떠올리기 쉬워지고 즐거웠던 아름다운 추억은 그리움으로 남아서 새로운 희망을 설계하는 힘이 되어주고 있으니, 산길에서 얻어지는 혜택은 육신의 건강은 물론 마음의 양식으로까지 인생을 이롭게 해주고 있는 보배로운 보약의 산길이라 생각된다.

가장 위대한 낙관론자였던 예수 그리스도께서 고통 속에서도 십자가에 못 박힐 수 있었던 것도 부활과 인류 구원이라는 희망과 믿음이 있었기 때문이 아닌가.

어둠이 깊을수록 별빛은 더욱 밝게 빛나고, 안개가 짙고 길게 밀려와도 해가 떠오르면 밝고 청명한 세상이 드러나듯이 산속 계곡 깊숙이 깔려 있는 안개도 해가 떠오르면 곧 걷히고 맑고 고운 울창한 나무숲이며 절벽을 이루고 있는 바위 얼굴들이 그 웃는 모습으로 맞아줄 것이 아닌가. 인생길도 안개가 자욱한 산길처럼 닮은꼴이라 믿어 본다.

할아버지 울어요?

여름의 끝자락과 가을의 앞자락의 이음새 날씨가 찾아왔다. 며칠 전만 해도 섭씨 30도를 오르락내리락하는 찌는 듯한 무더위가 멀리 달아나 자취를 감추고 15도 안팎의 서늘한 가을 날씨가 찾아와서 몸을 감싸고돌며 속내의를 단속하게 만들고 있다.

유아 시절의 어린아이는 세상이 신기하고 재미있게 보이기도 하나 한편으로는 두렵고 공포스러울 때가 있어 혼자 있을 때는 울음으로 그 두려운 마음을 나타내곤 한다. 슬프거나 서러워서 우는 것은 어른들에게 일어나는 감정의 표현이지만 영유아의 울음은 대부분 두려움 때문인 것이다.

어제 4살짜리 손자로부터 전화가 왔다. 할머니를 찾기에 할머니는 공부하러 학교에 갔고 할아버지만 집에 있다고 했더니, 그럼 고모하고 있냐고 다시 확인하였다.

"나 혼자만 있단다!" 하니 "그럼 할아버지 울어요?" 하고 묻는다.

"아니다, 씩씩하게 혼자 있단다!"라고 하면서 전화를 마쳤다.

자기 기준에 맞추어서 할아버지도 집에 혼자 있으면 무섭고 슬프고 두려워서 울고 있을 것이라고 판단한 모양이다.

곰곰이 돌이켜 보니 내가 지금까지 서럽게 울어본 기억이 한두 번 떠올

랐는데, 아버님 어머님의 임종 직후에 목 놓아 울어본 것을 빼고 거의 생각나질 않았다. 의학적으로 볼 때 성인은 하루에 웃음을 10번 이상 웃는 것이 건강 장수에 크게 도움이 되고, 어린이는 30번 이상 웃어야 성장에 도움이 된다는 이론을 들었다. 웃음뿐만 아니라 울음 또한 가슴에 쌓인 스트레스를 털어내는 보약이라 했으니 고달프고 서러운 여인네들의 울음이 우리나라 역사 속에 흐르고 있는 이야기가 많은 것도 웃을 일보다 우는 일이 더 많이 고달픈 삶을 채우고 있었기 때문이 아닌가.

현대에서도 우울증과 강박관념에서 벗어나지 못하고 스스로 목숨을 거두는 일이 있기에 차라리 그때마다 통곡하고 절규하며 눈물을 흘리는 보약을 찾았더라면 소중한 생명을 지켜 내지 않았을까 생각해 본다. 웃음의 보약을 선사해 주는 웃음의 달인 개그맨 김병만 덕분에 사회 유명인사들의 스트레스 해소에 크게 도움이 되었다며, 어느 건강 교양 강좌에서 의사 한 분의 찬사를 들으면서 웃는 일이 정말 값진 보약이라 믿고 싶다.

욕심부리자면 가슴을 메이게 하는 슬픈 줄거리의 드라마나 영화가 나와 주어서 시청자들의 울음을 자아내게 하는 또 다른 보약이 없을까 하며 잠시 생각해 본다. 60여 년 전 '엄마 찾아 삼만 리'라든가 '미워도 다시 한 번' 같은 슬픈 사연을 담은 비극적인 영화가 그리워진 것이다. 그 당시 영화를 본 온 국민들이 눈이 붓도록 눈물을 흘리며 마음의 응어리를 털어내기도 했다.

웃음과 울음이 의학적으로도 통증 완화에 크게 도움이 되고 병을 치유하는 데도 효과가 있음은 널리 알려진 사실이기 때문에 배꼽을 자아내게 하는 희극과 가슴의 응어리를 토해 내게 하는 슬픈 드라마가 현대인들에게 재미만을 위한 목적이 아니라 건강을 지켜내게 하는 두 가지 목적을 거두는 일이라 생각되어 꼭 필요한 것이라 여겨진다.

우리 사회에서 명문대학이나 일류기업이라는 좁은 문을 통과해야겠다는 강박관념으로 젊은 시절을 보내야 하는 현실을 우리들은 부인할 수가 없다. 슬픈 현실이다. 그러나 반드시 명문대학이나 일류 대기업만을 통해야만 인생의 정상으로 가는 길이라고 생각하지 않는다. 산의 정상에 오르기 위해서는 곧게 뻗은 잘 다듬어진 길만 있는 것이 아니며 오히려 나무와 바위와 자갈로 이어지는 오솔길을 오르는 데 그 묘미가 있다고 믿는다.

그 길에는 산속 구석구석에 피어 있는 감추어진 아름다운 꽃이 있고 싱그러운 생목의 향기가 있으며, 나무 그늘에 덮인 푸른 이끼가 있고 수북이 내려 쌓인 낙엽의 따스한 냄새가 있으며, 청아한 목소리로 울어대는 산새들의 노랫소리가 가득하여 마음이 즐겁다. 귓가에서 은은하게 속삭여주는 바람에 노랫가락도 함께 어우러져 있다. 얼마나 아름다운 길인가. 이 모두를 품고 있는 큰 산의 아름다운 비밀을 찾아볼 수 있기에 그 오솔길에도 그대 인생이 풍성하게 빛나는 정상으로 가는 길이 있다고 믿는다.

정상에 오르는 동안 느끼고 경험한 그 신비한 맛이 그대의 인생에 얼마나 잘 어울리는 묘미인 것을 알아야 한다. 작은 물살이 모여서 큰 파도를 이루듯이 매일매일 보내고 있는 당신의 미세한 파장에 의해 이룩되는 그대의 삶에 큰 꿈을 이루는 데 꼭 필요한 성공 파장이 될 것이라고 생각한다.

하루하루의 근심에 두려워하지 않으며 하루의 절망에 움츠리거나 좌절하지 말아야 한다. 꿈이 코앞에 있기 때문이다.

내가 2~3년 전만 해도 고혈압과 당뇨병의 악화로 뇌졸중 증상까지 겹쳐와 한마디로 처참한 상태가 되어 몸의 기력을 지탱하는 데 만신창이였고, 그야말로 내 생활의 전부가 비참한 처지에 이르고 말았었다. 그러나 꿈과 희망이라는, 소위 흔하디흔한 생각으로 마음을 채우고 기어 다니며 산길을 오르고 개천 길을 걸으며 하루를 보내고 몸을 귀찮게 하여 혈당과 혈압을 하루에도 두세 번 측정해 보았다.

어제는 한 시간을 걸었으나 오늘은 두 시간을 걷고 난 뒤 설레는 마음으로 측정 수치가 조금씩 호전되는 기쁨을 누리며 지냈다. 내일은 좀 더 다른 방법으로 몸을 귀찮게 해야겠다는 설레는 마음으로 또 하루를 보내기를 한 달이며 1년을 쉬지 않고 실행한 결과 마침내 혈당과 혈압이 건강한 수치로 내려와서 행복한 마음으로 이 글로 자랑할 수 있게 되었다.

얼마 전 UN에서 발표한 각국의 국민들의 행복 지수를 조사한 결과 행복지수 1위가 방글라데시 그리고 부탄의 국민들이며, 다음이 아제르바이잔, 나이지리아의 가난한 나라들이었으며, 선진국이라는 미국과 독일은 40위 밖이었고 한국은 그나마 66위라 했다. 몸이 가벼워지고 마음이 즐거워지니 비록 물질은 넉넉하지 못하지만 하루가 행복한 느낌으로 내일이 기다려졌다.

방글라데시의 국민은 68%가 이슬람교도이고 나머지는 힌두교로 전 국민이 종교를 갖고 있다고 한다. 독실한 신앙생활이 스스로를 행복하다고 생각하게 만든다고 한다. 물질의 풍요하고는 아무 상관 없이 내가 경험한 사실이다. 우리가 다시 한 번 생각해 볼 문제가 아닌가 생각한다.

사람의 욕심은 끝이 없어서 더 많이 더 높이 바라고 사는 자는 항상 부족하고 불행하다는 생각으로 가득 차 있게 마련이다. 오늘보다 내일은 좀 더 건강하고 좀 더 재미있게 즐거운 마음으로 인생을 꿈꾸고 설계하며 하루를 보낸다면 그 행복의 끝은 아무리 욕심이 많다고 하나 찬양하고 축복받을 만하다.

중국의 사상가 노신魯迅은 희망은 희망을 갖는 사람에게 존재할 뿐이고, 희망을 믿는 사람에게만 있고 없다고 생각하는 사람에게는 실제로 희망은 없다고 했다. 본래 땅 위에 길이 없었는데 걸어가는 사람에게는 길이 있고 많은 사람이 걸어가면 곧 큰 길이 된다고 했다.

70여 년을 지내고 지금 돌이켜 보면 부끄러울 뿐이다. 가슴을 치고 후회스러운 고통의 세월을 탓해 본들 아무런 소용이 없었다. 비록 늦었으나 지금부터라도 설레는 마음으로 한 올 한 올 실을 뽑아 비단 폭을 엮어가듯 희망을 품으며 행복한 꿈을 꾸어야겠다는 일념뿐이다. 희망은 먼 곳에 있지 않으므로 눈앞에 두고 하루를 보내야 한다.

인생은 그렇게 길고 무한한 여정이 아니다. 눈 깜짝할 사이에 백발이 성성하고 주름진 얼굴이 되는 시간을 바라보는 한 점의 먼지 같은 무상한 삶이다.

몸에 기운이 넘치고 맑은 정신을 지니고 있는 젊은 사람들은 이제부터라도 깨우치고 다듬어서 후회 없는 인생을 꾸려 나가야 되지 않겠는가.

24절기 중에 소설小雪이 지났으나 따사로운 햇볕은 마치 봄기운이 밀려오듯 포근하다. 안산의 산책로에 자리 잡은 꽃밭 단지에 일년초들은 모두 머리를 깎고 단정한 모습이며 이제는 세이지가 품고 있는 향기도 숨어버리고 흑갈색 발목만을 내민 채 듬성듬성 자리 잡고 오는 겨울을 맞이할 채비를 하고 있다.

뭇 생명들이 혼자만의 개체로는 존재할 수 없다고 했듯이 레몬피스(서양의 일년초)나 페퍼민트도 모두가 어울려서 한 마을을 이루고 재미있게 살고 있다. 모두가 한 생명들을 마무리하고 다음 생을 기약하면서 저승길로 발길을 돌리고 말았다. 내가 이들을 다시 만날 기쁨을 기다리면서 불교에서의 기연機緣을 발원하려고 한다.

우리 인간들이 이승을 떠난 뒤에 천당이나 극락으로 가기를 염원하여 불교신자들은 법당에서, 기독교신자들은 교회에서 기도를 하고 지낸다. 기독교에서는 천국이나 천당으로 갈 곳이 정해진 장소가 있어서 살아생전에 죄를 짓지 않도록 수양하며 나아가 사랑을 베풀고 자기를 헌신하며 살아야 함을 가르침 받고 있다. 불교에서의 극락은 가야 할 장소 개념이 없이 언제 어느 때나 만날 수 있으며 어느 곳에서나 누릴 수 있는 즐거움의 세계라 하겠다. 그래서 이곳에서는 나와 남의 마음을 보는 관심이 있고 상대에게는 자비를 베푸는 착한 일을 권장하고 있는 것이다. 어느 곳에서나 어느 때나 부처님을 만나서 극락을 즐길 수 있다 하겠다.

우리들이 일상생활을 하면서 기쁨이나 즐거움을 찾아서 항상 행복하기 바라고 그러기 위하여 땀 흘려 노력하고 애써 자기를 살피는 일을 하고 있다. 그러나 불행이란 놈도 홀연히 찾아와서 잠시나마 나를 슬프고 애통하게 하며 화나게 만들고 있으니 이것들 모두가 뒤엉켜서 삶이란 싱그러운 향기를 내뿜고 있는 것이리라. 희로애락이 함께 섞여서 살아가는 인생살이가 우리들의 참된 삶의 모습인 것이다.

며칠 전 잠자리에 들기 전에 아내가 아들 집에 전화를 하였다. 가끔 손자가 수화기를 먼저 받고 "여보세요?" 하다가 할머니 목소리가 들리면 다음 말이 "깜짝 놀랐어요!"라고 한다. 너무나 반가운 나머지 깜짝 놀랐다는 표현으로 기쁨을 나타낸 것이다. 그리고 노래까지 불러주겠다고 한다. 빚쟁이 전화를 받고 놀란 것도 아니고 신용카드가 연체된 것도 아니고 은행 빚이 있어서 받는 전화도 아닌데 깜짝 놀란다. 더욱이 이제 네 살짜리 아이가 죄를 지어서 숨어 사는 사람이 아닐진대, 범죄를 하고 수사관이 전화를 할 때 받는 놀라움과는 아주 반대되는 의미라 생각된다.

할머니하고의 통화는 놀라움과 극락으로 가는 기쁨의 마당이며, 수사관의 전화는 지옥으로 가는 놀람의 마당이 아닌가. 잡아함경雜阿含經이라는 불교경전에 "지나간 날의 일들에 근심하지 말고, 앞으로 다가올 일에 너무 집착하지 말며, 현재 일어나는 일에 바른 지혜로 최선을 다하고 살아야 한다"며 오늘의 부처를 찾으라 했다.

할머니가 부르는 '내 강아지'라는 말 속에 하늘에 꽉 찰 정도로 손자에 대한 사랑이 가득하여, 아이가 느끼는 마음은 백열등 불빛보다 더 따뜻한 할머니 마음을 읽어내고 반가운 마음의 표현으로 "깜짝 놀랐어요"라는 몇 마디가 자연스레 터져 나온 것이다. 그것이 우리 노부부의 극락 마당이라 믿는다. 처처에서 살아있는 부처를 만나며 극락을 즐기는 셈이다.

오늘의 작은 일에서 극락을 찾아 행복을 누리는 것이 우리들의 보통 삶이 되었으면 하고 바란다. 오늘의 부족한 것을 지난날을 탓하며 남을 원망하고 미워하는 마음을 버리는 것이 지혜로움이고 지옥을 벗어 던진다고 했다. 한여름 우박이 초목을 씻어내듯 마른 숲을 불에 태우듯 어리석음을 불로 태워버리는 부처의 가르침을 배워야 할 것이다.

위험해서 그래요?

물질이 조금 넉넉해지고 풍요로워지면 정신적으로도 풍성하고 편안함을 누리고자 하는 것이 인간의 본능인 것이다.

반세기 전 보릿고개를 걱정하며 살았을 때의 제1공화국 시절과 비교해 볼 때 지금은 믿기 어려울 만큼 발전된 경제성장을 이루고 풍요로움을 누리며 살고 있는 것이다. 그러나 정신적으로 타락하고 각박하게 무너진 마음은 비록 배가 고팠던 그 시절에 비하여 얼마나 달라졌는가가 의문이다. 오히려 그때의 마음들이 더 맑고 순수하지 않았나 생각해 본다.

자고 나면 살인사건이 일어나거나 남의 것을 빼앗고 남을 속이고 하는 끔찍한 소식이 뉴스에 가득하니 어찌 슬프지 않겠는가. 심지어 국민을 위하여 헌신하고 봉사하겠다는 자칭 선량한 국민을 대표한다는 정치가들의 이기적인 파당 싸움과 자신만을 위해 국민을 빌미로 국민을 속이고 사는 파렴치한 행위는 가히 가증스럽기까지 한 세상이 되어버렸다.

나는 정치 평론가도 아니고 더욱이나 정치하고는 아무 상관도 없는 평범한 시민으로 소위 자칭 지도자라고 떠드는 사람들의 횡령과 협잡의 가증스런 이중인격을 지닌 얼굴을 볼 때 혐오감박에 들지 않는다. 마치 예수님처럼 국민을 위해 희생하고 헌신하겠다던 공염불은 어디에 묻어 두었으며 그 양심은 어디에 감추었는가. 소위 지도자가 되겠다고 나서는 사람들은 국민을 배려하고 국민의 입장에서 생각하기는커녕 어떻게 하면 더 잘 속이고 넘어갈 수 있을까 하며 탈을 쓰고 있다. 지도자들이여! 바라건대 행동하는 지혜를 갖고 초심의 아름다운 포부를 용기 있게 발휘하여 국민들에게 신뢰와 존경을 받으시길 바란다.

며칠 전 만 세 살(40개월)이 된 손자와 할머니가 시장에 함께 가게 되었다. 몇 가지 물건을 사고 카트를 끌고 돌아오는 길에 차도 쪽으로 가는 아이를 인도 쪽으로 바꾸어 가게 하니, 그 아이의 말이 "할머니, 위험해서 그래요?" 하면서 얼굴을 쳐다보았단다. "그렇단다. 너는 아이니까…."

이런 광경은 내게만 일어나는 특별한 일이 아니라 아들과 손자를 기르고 있는 모든 어버이들의 당연한 마음이며 행동일 것이다. 어버이가 자식에게 희생하고 헌신하는 마음은 천륜이라 하여 지극히 자연스러운 일이나 오히려 아이가 어버이 마음을 헤아려 이해하고 배려하는 마음이 어찌나 기특하고 가상한지 한참을 생각에 잠겨 있었다. 우리 사회가 남을 배려할 줄 알고 남을 위해 베푸는 행동을 하면 남들은 그것을 이해할 줄 알고 고맙게 받아들이는 아름다운 세상이 되었으면 하는 마음이다.

과학자이며 서울대학 교수인 안철수 씨의 서울시장 불출마 선언이 있고 나서 안철수 교수의 맑고 깨끗한 인격에 온 나라가 신선한 충격으로 가득하니 서서히 우리 사회도 밝고 맑은 깨끗한 풍토가 점점 물들어 번져 가고 있음을 느낀다. 한 줄기의 실낱같은 희망을 안으며 한편으로는 따듯한 변화를 학수고대하고 싶다.

4호집 아주머니

서대문구 홍은 2동 403번지의 아주머니들 10여 명이 동네 친선모임을 갖기 시작한 것은 어언 30년 전부터이다. 모두 삼사십 대의 젊은 시절부터 한 달에 한 번꼴로 한자리에 모여서 식사를 하고 경조사에 서로 부조하는 것이 모임의 취지였다. 세월이 흘러 시부모님들의 상을 모두 치르고 아이들 성혼까지 모두 끝마친 요즘은 모두가 칠팔십 대의 노인들이 되었기에 그동안에 영고성쇠가 사람마다 다채롭게 이어지고 있었다.

약 5년 전부터 4호집 아주머니(71세)가 폐암 진단을 받고 투병해 오던 중 오늘 아침에는 위독하다는 이웃의 연락을 받고 아내가 마지막 생전에 문병을 가기로 한 모양이었다. 병상에서 가족들에게 사랑한다는 말 한마디씩을 전하고 문병 온 친지들에게까지도 손을 잡아보며 영원한 작별을 맞이하는 모습에 모두가 눈시울이 젖었다고 했다.

시골 의사 집안의 딸로 태어나 명문 여대를 졸업한 영특한 부잣집 자손으로 아무 고생 없이 살아왔지만 한평생을 마치려는 한 생명의 끝을 새삼스럽게 생각해 보게 된다. '누구나 알몸으로 왔다가 알몸으로 떠나는 인생의 정해진 숙명을 받아들이는 마지막 떠나야 할 사람의 생각은 어떨까?' 하고 고뇌하게 된다.

무서운 병인 암으로 목숨을 놓아버리고 저승으로 갈 때 주머니도 없는 수의 한 벌 입고 자기 의지와는 상관없이 몸뚱이도 버리고 가족도 버리고 명예도 재산도 다 버리고 가야 할 길인 것을 알고 자식들을 한 명씩 한 명씩 껴안으면서 사랑한다는 유언을 건네고 눈을 감으셨다고 했다. 오로지 지난날의 업만을 지고 가는 길인 것을, 집이 몇 채인들 무슨 소용이 있으며 해외 풍물을 남보다 많이 구경했던들 무슨 소용이 있겠는가. 살아생전에 내가 누릴 사치와 호사를 줄여서 이웃에게 베풀고 나누었으면 하는 아쉬움이 주변 사람들의 안타까운 마음이란다.

평소에 자랑하기를 좋아해서 남으로부터 인색하다는 말로 배를 채우고 그분의 좀 더 가진 것의 소유사에서 무소유의 방향으로 조금만 바꾸었다면 이승을 하직한 고인 앞에서 조문객들의 비아냥거림이 아름다운 칭송으로 가득할 텐데, 안타까운 마음이다. 성 프란체스코나 마하트마 간디의 무소유의 모습이 아니더라도 조금 적게 욕심을 채웠더라도 무서운 병마가 들어서지 못했을 것 아닌가.

철학자 플라톤은 '인간이 산다는 것 자체가 죽음의 연습이다'라고까지 했으니 무소유의 연습이 소유사의 끝이라 생각된다. 불교에서는 죽은 뒤 시체까지도 무화無火시키는 의식이 있다. 우리가 성자가 아니기 때문에 완전한 무소유의 실천이 불가능할 것이나 분명한 사실은 음식을 적게 먹으면 먹을수록 장수하며, 욕심을 버리면 버릴수록 마음이 평안해지는 것이 분명한 사실인 것이다.

불가의 전설에 의하면, 사후에 영혼이 저승길에 들어서니 가는 길에 모두에게 밥과 옷을 저승사자가 나누어 주는데 오직 한 사람에게만 찬밥과 헌 옷을 배급하였다. 그 영혼이 사자에게 묻고 항의하기를, "왜 나에게만 찬밥과 헌 옷을 주는가?" 하고 물으니 "당신은 이승에서 생활하면서 먹고 남는 찬밥이나 헌 옷만을 남에게 주었으니 이승에서의 업보를 그대로 저승에서 받는 것이요!"라고 하였단다. 인과응보의 교훈이라 할 것이다.

죽음 앞에서만이 아니라 멀리 남은 생명이라도 이제부터 시작해서 우리 생명을 홀가분한 마음으로 하나씩 둘씩 욕심을 내려놓으며 버리는 것을 연습해 보자. 만석꾼이나 천석꾼인들 그 후손이 한입에 털어 없애버린 주변의 사건들이 얼마나 많은가. 오로지 바르고 따뜻한 마음으로 이승을 누리다 보면 본인의 저승길이 온유할 것이고, 그 후손 또한 바르고 풍성한 마음으로 복을 누리는 행복한 삶을 산다는 진리를 우리가 명심해야 할 것이다.

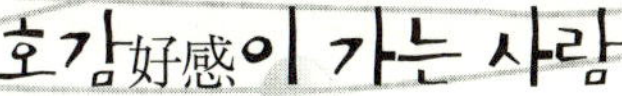

호감好感이 가는 사람

태어나서 한평생을 살아가자면 수십만의 사람들과 어울려 지내게 된다. 그중에 호감이 가는 사람을 만나게 되며 또는 느낌이 안 좋은 사림도 만나게 될 것이다. 느낌이 좋은 사람, 다시 말하여 호감이 가는 사람이란 어떤 사람일까.

얼굴이 예쁘고 살결이 희고 곱다고 느낌이 좋을 수만은 없다. 아무리 화장으로 얼굴을 꾸미고 값비싼 옷을 입는다고 하여 호감을 얻기는 어렵다. 얼굴 모습이 뛰어나게 잘생겼거나 값비싼 옷을 걸치게 되면 잘난 체하기 쉬워지며 오만하게 행동하기에 이르러 결국에는 자기의 부족한 부분의 능력을 감추려는 열등의식에서 벗어나고자 하는 꼴이 되기 쉽다. 그러나 본 모습 그대로 겸손한 사람은 자신이 완벽하다고 생각하지 않기 때문에 설혹 실패하더라도 부끄러워하지 않고 또다시 도전하려는 경향이 있다.

원래 실력이나 능력이 없기 때문에 열등감을 감추려고 얼굴을 성형하고 보톡스로 주름살을 제거하는 대부분의 사람들은 오만하게 굴다가 오래되지 않아서 사람들로부터 호감을 잃어버리게 되고 결국 인간관계에서 마이너스 효과만 거두게 되기 쉽다.

대중 앞에 서는 연예인도 일부러 얼굴을 고치고 다듬어서 예뻐지고 싶

은 것은 당연한 순서일 것 같으나 그분들에게는 다듬어서 고친 얼굴이 아니라 특별한 연기력인 근엄한 연기나 바보짓 연기를 함께 타고나야 그 인기를 오래 누릴 수 있다고 본다.

한편으로 자기 과시욕이 강한 사람이 성공하는 경우도 있다. 그러나 또 다른 모습을 갖추어서 그들은 체면을 잃으면 자존심을 핑계로 해오던 일을 쉽게 포기하는 양면성을 갖는 단점도 있다. 그러나 그들은 지는 것을 싫어하고 자기 자신이 제일의 인물이 아니면 직성이 풀리지 않기 때문에 오기와 노력으로 능력을 효과적으로 상승시켜서 적극적으로 덤벼들어 출세를 잠깐 동안이라도 한다.

그러나 그렇게 해서 차지한 자리라도 몇 년 지나고 나면 다른 사람에게 돌아가고 만다. 대부분의 아집이 강하고 독선적이고 자존심이 강한 사람들은 주위 사람들이 거북해하고 따라주는 부하가 아무도 없으니 결국 인간관계에서 안 좋은 느낌의 사람으로 걸려든 것이기 때문이다.

'능력 있는 매는 발톱을 감추고 산다'는 서양 속담이 있다. 다른 사람에게 강한 점을 감추고 일시적으로 허점을 보일 수 있는 것도 장점일 것이다. 지나치게 허점이나 과오를 보일 때는 상대로부터 잠시 무시당할 수 있으나 적당한 허점은 상대나 주위 사람들의 긴장감을 풀어주어서 오히려 호감을 갖게 하는 요인이 되기 때문이다.

내가 허점이나 실수를 보일 때 상대가 나를 보고 그런 실수를 하지 말라는 의미가 더 크게 전달되는 뜻도 내포되어 있다. 먼 산의 쓸데없는 돌멩이도 내 산의 옥돌을 다듬는 데 쓴다는 타산지석他山之石의 효과를 거두게 되는 것이다. 내가 완벽한 성공의 예를 자랑한다면 상대방은 자기를 무시하는 것으로 먼저 받아들이게 되어서 내가 가까워질 수 없음을 먼저 알리는 꼴이 되는 것이다. 아무리 완전하게 일을 마무리하였더라도 남에게는 나의 잘한 것을 8할만 드러내고 2할 정도는 허점으로 잘못된 부분처럼 드러내 놓아야 좋은 느낌이 전해지지 않을까 싶다.

남의 청탁이나 요청을 기술적으로 거절할 줄 아는 사람 또한 호감을 갖게 하는 방법으로 흑백논리인 '네, 아니요' 하고 선을 그으며 말하는 사람은 조만간 상대와 관계가 깨지기 쉬우므로, 기술적으로 거절하는 방법 또한 상대에게 불쾌감을 주지 않고 신뢰감을 깨지 않는 방법을 나름대로 찾아 실천해야 할 것이다.

얼굴의 근육이 굳어지고 근엄한 표정 또한 호감을 못 주는 요인 중의 하나다. 아무리 이목구비가 준수하고 피부가 곱고 희더라도 얼굴에 차디찬 냉기가 도는 얼굴에 좋은 느낌이 들지 않는 것은 자명한 일이다.

개그맨이나 희극 배우의 인기 비결은 바보처럼 허점투성이의 행동이 보는 사람들에게 편안함을 주기 때문이지 카리스마 있는 배우들의 연기가 꼭 장점이라 말하기 어렵다. 설혹 생김새가 좀 떨어진다 하여도 웃음 짓는 얼굴에 너무 잘 웃어서 눈가에 잔주름이 깔려 있어도 그런 사람에게 호감이 가는 것이 정직한 보통 사람들의 마음이다.

웃는 얼굴에 유머가 깃들면 금상첨화일 것이다. 겸손하게 허점을 감추지 않고 드러낼 줄 아는 사람이야말로 호감을 얻으며 성공하기 쉬운 사람이라 생각한다.

욕심慾心을 버리는 연습

욕심이란 끝이 없이 마음을 이끌어 가고 있는 괴물이다. 열 개를 가지면 이십 개를 가지고 싶어지며 이십 개를 얻고 나면 백 개를 가지고 싶어지는 마음이기도 하나 뜻하지 않은 불행을 이겨 내고자 하는 힘을 가지고 있기도 하다. 사람의 본성에 누구나 그런 마음이 숨어 있는 것이 당연할 것이라 생각되나 그 욕심을 쓸어내고 털어내고자 수양과 수련이 요구되고 있음을 알 수 있다.

예수님 앞에서 부처님 앞에서 기도하며 참선하는 모습 또한 욕심이란 굴레에서 벗어나고자 하는 수련의 방법 중에 하나일 것이다. 나는 항상 욕심을 줄이며 그 욕심의 수렁 속에서 벗어나는 길이 없을까를 궁리하며 하루를 보낼 때가 있기도 하다. 그 욕심이라는 독버섯 때문에 남에게 상처를 주기도 하고 심지어는 자기 스스로를 망치게 하는 경우가 있기도 하다.

맛있는 음식을 알맞게 먹고 소화하여 영양을 균형 있게 섭취해야 함을 욕심이라는 먹구름에 가려서 잊어버리고 먹고 또 먹고 하여 몸을 해치는 병을 유발시키며, 욕심이 지나쳐서 탐욕에 이르면 스스로의 몸과 마음을 쓰러뜨리고 마는 참담한 결과를 초래하게 되는 경우를 많이 보아 왔다.

그러나 욕심이라는 단어가 반드시 부정적인 의미만 지닌 것이 아니라 때로는 우리를 발전시키고 위대한 업적을 달성하는 데 또한 신비한 에너지가 되어서 매우 유익한 보약의 역할을 해주는 긍정적인 의미를 가지고 있기도 하다. 인간이면 모두 꿈과 희망을 품고 살아가고 있기에 그 꿈을 향해 목표를 설정하고 이루고자 할 때 지금의 마음에서 욕심이라는 미인이 앞에서 이끌어 간다면 쉬고 싶고 포기하고 싶을 때 용기와 힘을 불어넣어주는 신선한 에너지가 당신을 채찍질하게 될 것이라 믿는다.

'욕심'이라는 단어를 들을 때마다 내가 어렸을 때 보았던 인물이 떠오른다. 어린 시절 소문난 욕심쟁이로 불렸으나 그의 성품이 온순하고 정직하여 이웃으로부터 칭송을 받으며 살아온 실화의 인물이다.

집안이 가난하여 하루 세끼 식사를 걱정하며 사는 이웃의 아저씨 한 분이 있었다. 그 집 둘째 아들이 나보다 열 살이 많았으나 초등학교(당시 국민학교)에 월사금(수업료)이 없어서 입학조차 못한 어려운 형편이었으나 그 분은 새벽에 산에 가서 풀(잡초) 한 짐을 해오고 오전에 한 번, 저녁에 한 번, 그리고 하루에 네 번의 퇴비를 해 오는 모습을 보았다. 체구가 작고 단단하게 보인 그분의 별명이 '욕심쟁이 일수(가명)'라고 기억된다.

'욕심'이라는 단어만 들어도 반세기 전 욕심쟁이 일수라는 분이 머리에 떠오르는 것이 내게는 당연한 추억으로 남아 있으나 지금은 경기 북부에서 수십억의 재산을 지닌 부자로 노년을 보내며 살고 있다. 조물주께서는 모든 인간에게 공평하게 복을 나누어 주어서 인간의 응보의 순리를 가르치고 있다고 생각된다.

이처럼 욕심이라는 괴물이 아름답고 이로운 보약으로 그 힘을 발휘한 긍정적인 효과를 나타낸 경우라 할 수 있겠으나 욕심에 항상 짓눌려서 심리적인 욕구불만의 상태에 심경의 변화를 일으키게 되어 언행에 흠집을 내고 성격까지 변화시키어 난폭하게 남에게 상처를 주는 경우도 많이 있다. 그러나 그 욕심 때문에 남보다 자기 스스로 상처를 입고 피를 흘리는 꼴이 되는 것을 알아야 할 것이다.

당신에게도 언젠가는 죽음이 찾아온다. 그때가 오기 전에 당신이 해야 할 것이 있다. '더 갖고 싶어. 너무 갖고 싶어. 아직도 부족해'라고 하는 욕망을 내려놓는 연습이다. 지금까지 쌓아온 집착에 대한 생각을 버리고 아주 가뿐하게 불필요한 생각을 버리고 살아 보라. 그때부터 마음이 매우 부드러워지고 평온하게 되며 매사가 긍정적으로 보이게 될 것이다.

예를 들어, 들판에 죽어 부패해 가는 짐승의 주검 조각으로 변해 버린 백골뿐인 유해를 생각해 보거나 가까운 사람이 유명을 달리하여 지금은 이 세상에 없는 경우를 떠올린다면 싫고 무섭다는 조건반사 대신 내 몸도 죽으면 이런 물질로 변하고 만다는 생각이 든다. 분명히 당신은 죽음을 비켜갈 수 없기 때문이다.

죽음을 명상함으로써 생존 본능에서 일어나는 만 가지 욕심의 속박에서 벗어날 수 있기 때문이다. 죽을 때 갖고 갈 수 있는 것은 아무것도 없고, 다만 한 가지 그림자처럼 항상 당신을 따라다닌 업業만을 지니고 긴 여정을 떠난다. 그 업이 선업善業이 되었건 악업惡業이 되었건 우리의 일생이 100년이라 가정할 때, 40년은 욕심이라는 미인과 함께 연애하며 자신을 한 단계씩 높여 가는 훈련을 해보며, 그 뒤 30년 정도는 이루어 놓은 업을 지키고 가꾸다가, 나머지 30년 정도는 욕심이라는 미인과 헤어지고 지내온 일생을 관찰하고 반성해 가며 욕심의 짐을 내려놓는 연습으로 남은 삶을 마무리하는 것이 어떨까 싶어서 나만의 생각을 적어 본다.

아끼고 쓸 때 써라

흔히들 아끼고 절약하는 것을 돈과 물건을 아끼고 절약하는 의미로만 알고 있으나 여기에서 말하고 있는 것은 몸에서 발생하는 에너지, 즉 힘을 말하고자 한다.

감기몸살 정도에도 몸에서 기운이 빠지고 나른해진다. 더욱이 지병이 있거나 몸에 상처를 입고 난 경우, 예를 들자면 팔이나 다리가 골절되어 행동에 지장을 줄 때 그 불편함은 이루 말하기 어렵다.

그러나 그 병을 치유하고 몸이 회복되어서 자유로워질 때 일어나는 에너지인 몸의 생기로 인한 그 소중함을 잊어버리고 그냥 지나치고 만다. 걷고 일어서는 데 아주 불편했던 지난날 아픔은 잊어버리고 사람의 몸이 완쾌되어서 자유롭게 걷고 뛸 수 있게 된다면 그 기쁨은 크지만 그 힘을 함부로 쓰게 마련이다. 친구와 놀이에 소비하거나 자기만의 쾌락을 좇아서 허비하려고 애쓴다.

몸이 아플 때는 몸이 정상이 되었으면 하고 간절하게 바라던 소망을 다시 돌이켜 본다면 그 힘을 아껴서 좀 더 유익한 일에 몰두해야 함을 명심해야 한다. 다리를 절뚝거릴 때는 걷고 뛰는 사람을 보고 얼마나 부러워했는지 잊어서는 안 되며, 지금부터라도 걷고 뛰는 일에 당신의 에너지를 소비하라는 말이다. 사람의 체력은 쓰는 대로 배가되어 증가되고 나

아가서 승수적으로 그 힘이 커진다고 한다.

어느 가정의학 전문가의 말이 생각난다. 평소에 운동으로 체력을 보완하면 그 에너지가 몸을 구성하고 있는 백조 개의 세포 속에 저장된다는 설명을 들은 바 있다. 마치 은행의 예금통장에 쓰다 남은 돈을 저축하는 것과 흡사하다는 이론이다.

한국동란 후 남으로 내려와 살아오신 할아버지 한 분의 실화를 소개하고자 한다. 혈혈단신이셨던 그분이 동대문 시장을 중심으로 갖은 고생을 겪어 가며 포목사업으로 남부럽지 않은 성공을 거두고 재산을 크게 모으신 분이다. 화목한 가정을 꾸리고 행복한 생활을 해오던 중 몸이 비대해지고 행동이 느려지기 시작하여 마음이 게을러지기 시작하였다. 병원 검사 결과 당뇨병으로 위중하게 판명되었으나 이를 소홀히 지나치고 쾌락과 즐거움만 좇아 생활하다가 무모한 길에 빠져서 마침내 자리에 눕고 말았는데, 술과 많은 여자들에게 온 에너지를 써버린 것이다. 몸의 힘을 아끼지 않고 쓸모없이 써버린 결과인 것이다.

병석의 자리에 누워 지난날의 일들을 회고하며 자신을 적나라하게 살피고 관찰하여 새로운 철학으로 후반부의 인생을 살겠다고 결심한 것이 70세였다고 했다. 서서히 몸을 움직이고 운동을 하게 되고 당뇨병 치료도 함께하여 1년 동안 놀라운 효과를 거두고 10여 년이 흐른 지금은 걷고 뛰는 운동까지 하며 원기를 완전하게 다시 찾아 희망을 안고 지낸다는 이야기를 들었다. 지금 나이 80인데도 매일 아침이면 3㎞의 거리를 조깅으로 몸을 단련하고 나면 오히려 힘이 남아서 아들의 가게에 나가서 잡일을 해주고 계신다는 말씀이 산 교훈이 아닐까 싶다.

옛 성현의 말씀으로 재물을 잃어버린 것은 조금 잃은 것이며, 명예를 잃어버린 것은 반을 잃은 것이고, 건강을 잃으면 전부를 잃은 것이라는 말씀이 어찌 당신에게 맞아떨어지는지, 그것을 몸소 경험하였다며 진솔하게 들려주신 이야기를 감동으로 들은 바 있다.

돈을 아끼고 절약하는 마음도 중요하지만 몸의 힘도 있을 때 저축하고 아껴서 써야 할 때를 가려서 써야 한다고 생각한다. 쓰면 쓸수록 다시 채워지고 넘치는 에너지를 당신의 찬란한 삶을 위해서 투자해야 할 것이다. 벌통에 가득 채워진 꿀은 벌들이 아끼고 모아서 한겨울을 준비하는 간단한 지혜를 미물인 벌이나 개미들로부터 배워야 할 값진 교훈이 아닌가.

송구영신送舊迎新

몇 해 전만 해도 12월의 끝자락이면 온통 거리에는 크리스마스 캐럴송으로 들썩이곤 했으나 요즘은 법으로 소음을 규제하고 있다고 해서 거리마다 조용한 겨울잠 속에 빠져 묵묵히 그 입을 다물고 있다.

창밖을 내다보고 있으면 앙상하게 옷을 벗은 나뭇가지들은 얼기설기 얽혀서 바람에 흔들리고 있으며, 누렇게 드러누워 버린 잔디 위에 흩어져 앉아 있는 마른 잎들을 깡그리 쓸어가 버린 겨울의 스산한 풍경을 볼 때마다 가슴 깊은 어디에선 야릇한 통증이 번져 나온다. 이런 것들 속에서 우리는 쓸쓸해하고 허무해지며 고독해지기 마련이다.

봄, 여름, 가을, 그 화려하게 꾸며진 싱그러운 나뭇잎들과 감미로운 향기를 품은 과일들은 자취도 없이 사라지고 메마른 땅 위에서 우리는 절대고독과 절대 허무에서 몸부림치며 한 해의 마지막 문지방 위에서 나 자신의 윤회輪廻에 대하여 골똘히 생각해 보게 된다. 기도하는 마음으로 새해의 시간 속에 서 있을 자신을 그려본다.

이제 일주일 뒤면 2012년이라는 새해의 날이 시작된다. 잠시도 쉬지 않고 흘러가고 있을 세월의 레일 위를 새해의 시간에는 시간마다 점찍어 놓으면서 살아야겠다고 마음을 여며본다. 지난해에는 기쁜 일보다 괴로운 일이, 좌절보다 희망의 잔칫날들이 서로서로 교차하는 헝클어진 사건들이 나를 괴롭게 하고 후회하게 했을지라도, 새해의 내 생명은 단단한 동아줄에 묶어놓을 기쁨과 즐거운 환희의 열매들을 그려보며 나를 추스르고 위로도 해보고 있다.

지나온 2011년 한 해 동안 나에게 일어났던 변화를 크게 세 가지로 드러내놓고 싶어진다. 그 첫 번째는 마치 무더운 여름날 가뭄에 메말라버린 풀잎처럼 시들어져 가는 육신에 물을 주고 거름을 주어서 건강을 다시 일으켜 세워 기초를 다져놓은 일이었다. 질기도록 괴롭혀 온 당뇨병과 고혈압을 내 몸 안에서 거의 몰아냈기 때문이다.

두 번째 변화는 내가 평생 꿈으로만 간직한 소망으로 내 후손들에게 삶의 지혜를 남겨주고 싶은 마음을 담아서 한 권의 책으로 엮어서 남겨준 일이다. 『손자와 춤추는 할아버지의 꽃 피는 마음』이란 제목으로 수상집 출간을 성공한 일이다.

세 번째 변화는 내 아들이 승진하고 대학병원으로부터 인정을 받았는데, 두 번에 걸친 해외 학술출장이 있었기 때문이다. 자식들의 건강과 발전이 어떤 금은보화보다 값지고 행복한 일은 모든 아버지의 한결같은 소망이기 때문이다. 지난해의 내 가족들의 화목함과 건강함에 감사하고 행복한 한 해라고 생각해 본다.

노장 철학에 '소욕지족小慾之足'이라 해서 너무 많은 것을 바라고 풍요를 바라는 것이 불행을 초래한다고 했다. 적은 욕심으로 만족하라는 의미를 교훈으로 새기면서 새해를 맞이하는 마음을 열어 보고 싶다.

우리들은 지난날들의 실수나 과오를 종종 후회하는 말을 자주 하고 있다. 그 실수나 과오를 곱씹으며 매달려 있으면 제2차 성장에 걸림돌이 되기 쉽다. 그러나 그 잘못과 실패를 거울삼아서 다시 깨우쳐서 배우고 학습하여 새해의 발길에 기름칠해 가야 할 것이라 생각된다.

어제는 고향 초등학교 졸업 후 60년이나 된 벗들과 소위 송년모임을 했다. 모두가 고희를 훨씬 지난 노인들이라 나이 들어간다는 허망스런 생각보다 감사하고 행복한 생각이 앞서고 있음을 느껴 보았다. 살아온 길들이 서로 다른 친구들의 마음을 속까지 뒤집어 내보이면서 웃으며 보낸 시간들이 즐거웠고 행복했기 때문이다.

젊은 시절, 삶에 목말라서 그토록 방황하고 숨이 차도록 뛰어 달려온 친구들의 모습에서 성실하고 아름답게 살아온 흔적이 진하게 묻어나서 행복한 모습으로 비추어지고 있었기 때문이다. 그들에게는 희망이라는 씨앗을 뿌려 가며 수십 번씩 보낸 새해를 맞이할 때마다 씨 뿌리고 거름 주며 반세기를 물 주고 키워온 나이 든 꽃나무를 대견스레 바라보면서 웃고 있었다.

사람들은 한 해가 끝나는 무렵마다 누구나 조금씩 초초해지고 또 슬퍼지며 후회 속에서 한 번씩 뒤돌아보게 마련이다. 그가 이루고자 한 것들이 얼마만큼 달성되었으며 달성되지 못했는가를 헤아려보고 미흡했던 이유가 무엇인지를 생각하게 된다. 그러나 언제나 어김없이 새해가 찾아주기 때문에 지난날 고통과 절망도 씻어버릴 수 있는 희망이 있으므로 오늘도 주저앉지 않으며 힘차게 달리고 있지 않은가.

보이지도 않으며 잡을 수도 없는 신비스러운 일들을 조물주께서 선물로 가져다주실 거라는 기대감 같은 희망이라는 선물을 쳐다보고 있게 된다. 아무리 고달픈 삶일지라도 희망이라는 것이 향기를 내품으며 조용히 우리에게 다가서고 있음을 느껴야 할 것이다.

사람마다 새해가 오면 소망한 일이나 계획을 세우고 있으나 나는 그중에서 으뜸으로 여기며 다짐하고 싶은 일은 마음속에 자라고 있는 희로애락喜怒哀樂 속에서 화를 없애고 미움의 턱을 쓸어내는 데 힘을 쏟고 싶어지며, 욕심을 부린다면 촌음寸陰을 아끼며 소중하게 생각하고 살아야 하겠다는 것이 두 번째 바람으로 정하고 싶다. 그렇게 한 해를 보내고 나면 요술처럼 내 몸과 마음이 크게 변화되어서 당당한 행복의 토대가 마련될 것이라 믿어 본다.

겨울이 가고 나면 또다시 봄이 어김없이 찾아온다는 어느 시인의 말처럼 우리 인간에게는 반드시 싱그러운 봄의 계절을 새해에 맞이할 수 있으니 하느님의 축복이 아닌가. 새 달력 위에 새 약속의 희망의 씨앗을 뿌려 놓으며 행복한 꽃을 기다려 보면서 한 해의 끝을 보내고 있다.

금은보화보다 값진 우리 며느리

흔히 가화만사성家和萬事成이라는 말로 집안이 편안하고 화목하면 모든 일이 이루어진다는 고사성어가 있다. 혈연간의 사랑과 희생은 인간의 동물적인 본능이라 해서 자기를 낳아준 부모나 자기가 낳은 자식에 대한 사랑은 자연스럽게 이루어지고 있다 하겠으나 가슴으로 맺어진 며느리나 사위 간의 사랑과 봉사는 색상이 다르다고 표현하여 우리 주변에서 쉽게는 특별한 화젯거리로 사람들의 입에 오르내리고 있다. 소위 고부姑婦간의 갈등이 그 대표적인 사례다.

보통 사람들이 말하기를 다섯 가지 복을 일컬어서, 오래 살고 싶고, 손님이 오면 대접할 만큼 부를 이루고 싶으며, 건강하고 편안하게 가정의 화목과 평화를 바라며, 이웃에 덕을 베풀며 살고 싶고, 죽음을 곱게 맞이하고 싶은 것이다. 인간의 다섯 가지 소망 중에서 장수와 고종명은 피할 수 없는 운명이라 해도 건강과 가정의 화목과 부를 이루는 것은 노력하면 이루어낼 수도 있는 사항으로 그중에서 가정의 화목과 평화에 대한 이야기를 하고자 한다.

인간의 일생에 다섯 가지 소망이 이루어질 때 가장 행복하고 빛나는 삶이라 우리들은 중국의 고서 『사서삼경四書三經』 중에 홍범 편에서 말하는 소위 오복 중에서 '내게도 두세 개쯤의 복이 있구나' 생각해 본다. 혈연이 아닌 가슴으로 맺어진 가족들 간에 사랑이 넘치고 있음을 새삼 느껴보며 '참으로 행복한 인생이구나' 하고 자족해 본다.

아내가 가끔 돼지뼈다귀를 사와서 감자와 시래기를 잔뜩 넣고 푹 삶아낸 국물을 볼 때마다 '우리 며느리가 좋아하는 뼈다귀 시래깃국인데…' 하고 중얼거린다. 아내의 진심이 묻어난 말 한마디가 요즘 유행하는 고부간의 갈등이 해소되는 밑바탕이 되어 피보다 진한 사랑으로 엮어진 축복받은 우리 가족의 화목한 요인이라 하겠다.

내가 사는 동네가 재건축 제한지구로 묶여서 매매는 물론 중개축이 금지된 구역으로 입주민들의 생활의 불편은 몇 년 동안 말할 수 없었다. 그런데 금번 서울시의 민선시장이 바뀌고 시민들의 생활을 저해하는 뉴타운 사업이나 재개발 사업 등이 억제되면서 이 동네도 매매의 활기가 서서히 일고 있어서 가끔 동네의 부동산중개 사무실에 들러서 세상 이야기를 들어보고 있다.

어제는 매우 가슴 아픈 광경을 직접 목격하고 많은 생각이 쏟아지기 시작했으니 과연 가족 간의 행복이란 어떻게 설명해야 할지 미묘할 뿐이다.

어느 삼십 대 중년 부인이 집을 구하고자 중개사무소에 들러서 적당한 집을 찾고 있었다. 자기가 준비한 돈에 맞추어서 아파트나 빌라를 구해달라는 부탁을 며칠 전에 하고 오늘은 그 집을 구경하고 흥정하려고 나온 모양이다. 한 아파트는 중개인이 가격까지 흥정을 마치고 아주 적당한 물건이라며 성심을 다하여 설명하자, 그 부인은 그곳 아파트는 시부모가 살고 있어서 가격이 아무리 싸도 싫다는 표정으로 일언지하에 거절하고 반대 방향의 다른 지역에 있는 빌라나 아파트를 다시 구해 달라는 요청을 하면서 지극히 당연하다는 얼굴 모습으로 사무실을 나서는 광경을 목격하고 씁쓸한 기분으로 돌아오고 말았다.

병적인 가족관계의 일반적인 형태인지 아니면 그 여인만의 특별한 병적인 형태인지 그 가족의 구성원들의 사회적 성공이 어려울 것이란 생각마저 들게 했다. 늙으신 시부모님이 별도로 집을 지니고 살고 있는 형편이나 젊은 며느리가 2억 원 정도의 집을 구하고 있는 사정으로 미루어 의식주가 해결되는 중산층의 가족들임이 확실한데, 한 지붕 아래서 사는 것도 아닌 한 마을에서 함께 사는 것조차 싫어하는 속사정이 과연 무엇 때문인지 공연 생각이 어지러워졌다.

요즘 우리 사회의 핵가족 실상이 막다른 지경에 이르고 있는 현실이 너무 가슴 아픈 모습이라 여겨진다.

마침 나도 귀촌생활을 꿈꾸는 아내의 요청에 따라 고향의 시골집에 며칠 전에 다녀왔다. 그곳에서 옛날 부모님이 물려주신 헌 가옥을 수리해서 고향에서 여생을 보내고 싶다는 의사를 자식들에게 의논한 바 있었다.

삼십 대 중반인 며느리의 극구 만류가 있었으니 그 이유는 너무 먼 곳에 계시면 자주 뵙기가 힘들어지니 가까운 경기도나 자기 집 근처의 한적하고 조용한 곳으로 이사를 하라는 진심 어린 간곡한 요청이었다. 내 며느리의 심성과 커온 가정환경이 따뜻하고 부드러워서 평소 흡족하고 기쁘게 생각하며 또한 커다란 행운으로 믿으면서 우리 가족의 행복한 틀을 더욱 단단하게 받치고 있는 가슴으로 맺어진 내 가족의 일원인 며느리가 더욱 자랑스러워진다.

세월이 흘러 머지않아 내 나이 미수米壽에 이르러 건강이 무너져 부득이 자손들의 도움을 받아야 할 지경에 이르면 과연 고종명考終命(오복의 하나. 제 명대로 살다가 편안히 죽는 것을 이른다)은 어떻게 맞이할 것인지 누구나 한 번쯤은 걱정해 보리라 생각한다. 아무리 금은보화가 많아서 현대적인 의료시설이나 노인 요양원이 있다 한들 가족들의 따뜻한 진심 어린 보살

핌이 없이는 행복할 수 없으리라 본다.

가끔 3대가 또는 4대가 한 지붕 아래서 기거해 가는 모습이 TV에서 소개될 때마다 그 집에 평화와 행복이 넘치고 있음을 부러워하며 만복이 따로 있는 것이 아니라 피를 나누고 가슴으로 맺어진 가족들 간의 참된 모습이 바로 만복이라고 믿어본다.

삼쾌三快하면 건강하게 오래 산다

나는 의학을 공부하지 못하였고 건강에 관심도 없이 오랜 세월을 살아오다 어느 날 찾아온 병마에 시달리며 20여 년을 고생해 오고 있었다. 돌이켜 보면 젊은 날을 너무 어리석고 바보 같은 인생이라고 생각하면서 이제 가슴을 치고 후회하고 있으나 무슨 소용이 있겠는가.

최악 상태에까지 이르니 꺼져 가는 생명을 붙잡으려고 몸부림치면서 하루하루를 버티고 있게 된 것이다. 눈에 보이지 않게 깊숙이 물든 당뇨병과 고혈압이란 병마와 싸우기 시작하였을 무렵, 설상가상으로 뇌졸중 증상까지 겹쳐서 두세 번의 졸도로 거의 사형선고를 받은 것처럼 가족들에게 생명 끝자락에 이른 사람처럼 보일 지경에 이르렀으며, 사후 장지를 의논까지 하게 되었으니 지금의 시간들은 두 번의 생명으로 다시 태어난 꼴인 셈이다.

내 아버님과 조부님께서 뇌졸중으로 수년씩 고생하시다가 회복을 못하시고 작고하셨기에 가족 병력에 따라 내게 찾아온 병이 무섭고 공포스러운 불길한 징조인 것 같아서 내 짧은 생애가 너무 서럽고 억울한 마음을 형언할 수 없었다. 그러나 나의 병력 가문에 혁명을 일으키고 새로운 바람을 일으켜 쇄신하리라는 오기와 신념이 일기 시작하면서부터 나는 걸었고, 시간을 쪼개어 늦었으나마 섭생에 심혈을 기울이기 시작하였다.

마침내 걷고 산에 오르는 나만의 기적을 일으켜 냈으며 썩고 냄새나는 병마를 몸에서 털어버리기 시작하였다.

일생 동안 누구에게나 한 번은 반드시 찾아온다는 고통이 있다지만 나에게 쳐들어온 악마와 싸우기를 몇 년간 해오면서 이제는 불안과 공포에서 겨우 벗어나기 시작하였으나 아직도 그 악마들의 잔당을 깨끗하게 진압하지 못한 상태로 이제 평안한 정돈된 마음으로 희망을 품으며 더 오래 건강하게 구구 팔팔한 인생을 설계하고 있는 중이다.

인간의 세 가지 기본 욕구는 먹고 싶고, 배설하고 싶고, 자고 싶은 본능이 있다고 했다. 먹는 일을 상쾌하게 하고 배설하는 일을 통쾌하게 그리고 유쾌하게 숙면을 취해야 몸이 건강해지는데, 이것은 내가 70년 동안 터득한 방법이라 생각한다.

먹을 때 상쾌하고 즐거운 마음으로 식사를 하다 보면 배설의 본능인 대소변이 통쾌하게 이루어지는 경험을 했다. 3~4일 또는 5일간의 악성 변비가 식습관의 변화로 인하여 매일 치르는 통쾌한 쾌거를 이루어냈으며, 기계적이고 규칙적인 운동으로 많은 시간 몸을 귀찮게 하여서 피로한 몸을 만들어 밤에는 유쾌한 숙면으로 하루를 보내고 있으니 자연스레 각종 검사결과가 점점 정상으로 복귀되어 가는 나만의 성공을 거두었음을 고백하고 떳떳하게 자랑할 수 있게 되었다.

이제야 겨우 기본 틀을 회복하였고 평균 수준에 도달하였다고 믿으며 좀 더 욕심을 내어 밝고 빛나는 행복한 삶을 영위하고자 두 가지 목표를 설정한다면, 웃음을 마음속에 담아가며 머릿속으로는 사고하고 창의성을 길러내어 육체와 정신도 함께 더욱 알찬 기운을 얻고자 함에 있다. 욕심을 낸다면 다시 말하여 장년을 다시 찾고 싶은 기초를 다지고 싶어진다.

나이가 84세인데도 삼종 철인경기를 100회나 해내는 신체 나이 50세인 철인의 선배 노인을 지켜보면서 내게도 가능성이 있다는 긍지를 심어 보고 싶어진다. 더 나아가 빛나는 삶이 가치 있게 유종의 미를 거두기까지 사랑과 헌신으로 나만을 위한 삶을 산 제1역域권의 인생이 아니라 내 가족과 나아가서 이웃을 위한 삶으로 제2역권의 인생으로 이웃을 돕고자 하는 꿈이 있는 것이다.

간절한 목마름으로 항상 동경해 오던 남은 목숨을 가득 채워줄 뜻있고 보람 있는 일을 해보고 싶은 소망을 안고 왔기에 그 일을 이루려면 우선 기본적으로 상쾌하게 식사를 하고 통쾌하게 배설을 하며 유쾌하게 숙면을 해서 건강한 몸을 먼저 만들어야 할 것이라 믿는다. 그리고 생각을 젊게 하여서 그 인생이 새롭게 다시 태어나 항상 웃으며 즐거워하고 사랑을 베풀고 봉사로 이웃을 돕고 살 때 노년의 삶이 빛나는 행복한 인생이 될 것이라 확신한다.

목소리를 낮추어서

청각장애가 있으신 분은 청력이 떨어지니 보청기 등을 사용하여 생활의 불편을 해소하게 된다. 시력 장애인들은 점자를 이용하여 의사를 소통하고 농아인들은 수화를 통해서 의사를 전달하며 살고 있다. 청력에 문제가 있으면 목소리를 자연스레 높여서 말하게 되어 상대방에게는 불편한 고음으로 전달될 수밖에 없다. 자기주장을 하고 의사를 전달하는데 화가 난 사람처럼 소리를 지르는 것처럼 보인다.

또는 시시비비를 따지는 운전자들 간에 종종 목격되는 광경으로 목소리 높은 사람이 이긴다는 유행어가 나올 정도로 목청을 돋워 큰소리로 상대의 기를 꺾어놓자는 심산으로 고래고래 소리를 지르는 볼썽사나운 광경을 목격하게 된다. 이들에게 청각에 문제가 있어서 그런 것이 아닐 텐데 의문스러운 일이다.

얼마 전 버스를 타고 집에 오는 중에 승객 한 사람이 아주 큰 소리로 목청을 돋워 통화하는 내용을 듣게 되었다. 마치 두 사람 모두가 청력에 장애가 있는 것이 아닌가 의심할 정도였으며, 대화가 아닌 떠드는 수준의 목소리에 가까웠다. 그 내용이 다투는 일이 아니라 친척들 간의 안부를 전하는 지극히 평범한 일상 내용임에 틀림없었는데 차내에 승객들은 자연히 듣게 되어 일부는 얼굴을 찡그리고 있었고 들어주기에도 고통스런 모습이었다. 바로 앞자리에 앉은 나도 기분이 유쾌하지 않아서 그 사람의 인격을 의심하게 되었다.

목소리가 커지고 높아질 때에는 대개의 경우 분한 마음을 실어서 화를 내는 경우일 때나 또는 성격이 아주 급한 사람이거나 상대의 청력에 장애가 있을 때 그를 위하여 일부러 크게 빠르게 말하는 경우가 있고 아니면 보통의 습관이 그래서인지 네 가지 중의 하나에 해당되리라 생각한다.

그러나 대인 관계에서 가장 친밀감을 느끼게 하고 다정한 마음을 주고받을 때는 목소리를 한 음 낮추어서 말하는 것이 으뜸이라 믿는다. 특히 얼굴을 보지 않고 전화로 통화할 때는 낮고 속삭이는 듯한 음성의 대화가 한층 다정스런 마음이 커진다는 사실이다. 나아가서 그 사람의 인품이 조용히 드러나 전해지는 한 개의 다리 역할을 하는 통로인 것이다. 물론 말하는 그 사람의 교양과 인품이 더 높아 보이고 나아가서 겸허한 인격으로까지 판단하게 해주는 신비스런 힘을 지니고 있다.

내 친척 중 지방대학 교수로 있는 막내처남의 평소 말버릇이 항상 낮고 포근한 목소리로 대화하는 것을 오래전부터 보아 왔다. 그때마다 흐뭇하고 장래가 촉망되어 기대를 했던 한 기억이 떠오른다. 타고난 음성이 곱고 부드러웠으나 남들이 보기에는 한 음을 낮추어서 느리고 천천히 말한다고 생각되니 많은 동료 교수들에게 가깝고 편한 동료라는 인상을 심었을 것이다. 그리고 그 말버릇이 상대를 편안하게 하고 경계심을 없애 그에게 마음을 열어 놓게 하는 마력을 지녀서 많은 사람을 끌어모으는 친근한 다리 역할을 하였다고 나는 믿는다. 물론 인상이 곱고 깨끗하며 성품 또한 온화하였으니 마침내 교수들의 투표에서 짧은 연륜에도 불구하고 교무처장으로 선출되는 영예를 안을 수 있게 되었으니 오래전 내 짐작이 맞은 셈이다. 물론 학문과 경륜을 겸비하고 있었음은 당연한 일이다.

반대로 생각해 본다면 목청을 높여서 말하는 습관에 젖은 사람은 마음이 불안하거나 성격이 급하거나 너무 욕심이 많아서 항상 불만 속에 사는 사람으로 보이기 쉬워지며, 주변의 사람들에게 좋은 인상이나 부드럽고 따뜻한 마음씨의 고상한 인품의 인격자 대접을 받기 어려우리라 믿는다. 마치 화를 내는 모습으로 보이기 쉬우며 심지어는 나쁜 감정을 쏟아내고자 선전포고를 하는 적군의 모양으로 오해받을 수 있기 때문이다.

흔히들 간드러지게 말한다고 하는데 이는 간사스럽게 오해되기 쉬우며 상대의 기분을 좋게 맞추려는 약삭빠른 의도를 지니고 있어서 바람직스럽다고 할 수 없으며 무뚝뚝한 말씨 또한 분위기를 냉각시키는 반작용을 하게 된다. 대개는 굳은 표정의 얼굴 모습을 지니고 있을 것이기 때문에 무거운 분위기를 만들어서 상대가 나를 경계하도록 만들기 쉬워진다.

우리가 평소 말하는 습관이나 말소리의 높고 낮음이 얼마나 소중한가를 쉽게 잊으며 지나치고 있으나 이제부터라도 자신의 말씨 모양과 언어습관을 반성하고 개선하는 노력을 시도해 보자. 그러면 점점 당신의 주변에는 당신을 돕고 싶어 하는 아름다운 사람들이 모이게 될 것이다.

봄의 생명

숲 속 길 옆 도랑에서는 조용히 물 흐르는 소리가 들리고 땅속에서 기지개를 켜며 꿈틀대고 일어서려는 풀뿌리의 끙끙대는 소리가 들리는 듯하다. 천지는 지금 창조의 봄을 알리는 첫걸음을 내딛고 있어 벌레들은 껍질을 깨고 서서히 땅 위로 기어 나오고 있으며 온 산천은 소생의 입김을 품어내고 있다.

인생의 고뇌를 겪은 사람만이 생명의 존엄성을 안다고 말한 미국의 시인 휘트먼의 말이 생각난다. 추위에 떨었던 사람만이 태양의 따뜻함을 느낄 수 있듯이 겨울의 추위와 매서운 바람을 이겨낸 산천초목들이 봄이 되어 마치 죽음을 넘어 부활하고 기쁨과 환희를 온몸으로 맞이하고 있는 듯하다. 이 신비한 자연의 섭리에 따라 나도 봄에는 알 수 없는 설렘과 뭔가 희망이 다가오는 예감으로 하루해를 보내고 있다.

오랫동안 '시간을 죽이며killing time' 보내버린 지난날이 아쉬워서 이제부터는 '시간을 지휘하며commanding time' 살아야겠다고 마음먹고 내 집에서 가까운 언덕 위에 자리 잡은, 고요와 적막으로 가득 차고 웅장하게 지어진 서대문 문화원을 찾아가 유익한 건강 프로그램을 알아보고자 층계를 지나 건물 안으로 들어섰다.

어디선가 들려오는 부드러운 클라리넷 멜로디에 흠뻑 젖어 나도 모르게 아래층과 위층을 돌고 돌아서 오르고 내리며 소리 나는 2층 원장실까지 찾아갔다. 그곳에서 정갈한 노인 한 분이 클라리넷으로 '편지(어니언스의 노래)'라는 곡을 연주하고 있는 모습을 보고 종이에 물이 젖듯 가슴을 적시며 비집고 들어오는 부드럽고 낮은 음색에 반하고 말았다. 연주자의 모습이 나와 동년배쯤 되는 노인이라 다시 한 번 놀라서 무작정 방 안으로 들어서고 말았다.

가벼운 인사를 끝내고 나도 평소에 꿈꾸었던 클라리넷이나 색소폰 음색을 너무 좋아한다고 이야기하자 자기도 지금 배우고 있으니 자기와 함께 배우자며 약속까지 하게 되었다. 아름다운 멜로디를 연주하고 있는 사람이라면 가슴 내부에 침잠해 있는 세상의 모진 고통과 괴로움을 털어버리고 평안과 안녕이 곱게 자리하고 있어서 몸과 마음이 항상 행복할 것이라고 믿고 있었다.

며칠 뒤 셋째 딸이 마련해 준 악기를 구하고 문화원에서 수강신청을 끝내고 설레는 마음으로 기초 음계를 배우며 소리를 내는 실습이 시작되었으나 삐삐삑(스퀵음) 소리만이 나오고 마니, 내 나이에 폐활량에 혹 문제가 있는 건 아닌지 첫 번째 고비에 이르고 말았다. 도대체 내가 늦은 나이에 이 무슨 망령이란 말인가 후회하며 잠시 머뭇했으나 오기가 발동하여 나와 동년배인 그분의 청아한 연주 모습이 떠올라 다시 마음을 잡고 소리 내는 음계연습에 몰두하게 됐다.

가끔 삑 소리에서 며칠이 지나자 뿡뿡 소리로 바뀌게 되고 또 며칠이 지나자 삑뿡 소리가 붕붕거리며 부드러운 제소리가 터지고 말았으니 기쁨의 환호 소리까지 내며 은근한 자신감마저 일어났다. 나아가 한 옥타브 낮은 음역까지 내며 연습에 연습을 거듭하니 살며시 한 옥타브 높은 음역을 정복하고픈 욕심이 발동하였으나 지도 선생이 아직은 시간이 더 필요하니 조급하게 서두르지 말라는 충고를 하였다.

세상의 모든 일들이 목표를 내걸고 자기와 싸우며 정진할 때 고비고비를 맞이하게 되고 그 고비를 넘어서고 나면 또 다른 고비가 보이며 저 멀리 정상을 향한 길이 험하고 고통스러운 길임에, 어찌 지금 내가 시작하고 배우고 있는 음악공부와 그 모습이 너무도 흡사하지 않겠는가.

사람의 능력에는 한계가 있는 것인가. 죽음의 문제만 제외하고는 인간은 거의 무한대의 능력을 지나고 있다고 믿고 싶다. 하느님이 인간을 창조하실 때 자기 모습대로 창조하셨다는 성서 내용처럼 예수님의 만능의 역사처럼 인간의 능력은 무한대라 함은 육체를 구성한 100조 개의 세포의 활성과 1,000억 개의 세포로 두뇌가 구성되었다고 했다. 뇌세포의 5%인 5억 개밖에 평생 사용하지 못한다는 과학자들의 이론에 따라서 우둔한 내가 이용하고 있는 뇌세포의 활성 가능 구성 비율은 평생 5% 미만밖에 되지 않겠는가.

뇌세포는 한 번 사라지면 재생되지 않는다 했으나 하고 싶은 일을 즐거운 마음으로 도전해 가는 능력은 한계가 없을 것이라 믿으며 미처 사용하지 못한 세포 창고에서 꺼내 쓰고 이용한다는 의지로 1년이 지나도 만족스럽지 못하면 2년이고 몇 년이고 도전해 볼 것이라 다짐한다.

며칠 동안은 몰입하여 연습을 거듭한 결과 미국 곡인 '오로라(일명 엘비스 프레슬리가 부른 love me tender)'를 연주하기에 이르렀으니 스스로 놀라고 기쁜 마음에 약간 설레기까지 하였으니 시작하기 얼마 되지 않은 동안 내가 두세 번의 고비를 넘어왔다는 안도감마저 들었다. 또 한 고비 높은음자리 레 · 미 · 파 · 솔의 음계까지는 아직도 멀고도 힘든 매듭이라 울고 싶은 심정으로 아무리 몸부림쳐 연습해도 쉬 픽 소리만 나오고 말았다. 낮은음자리 미 · 파 음계까지의 소리는 터득하였으나 한 옥타브 높이

솔 · 라 · 시 · 도까지만 소리가 터져주었으면 하는 간절한 심정으로 기도하였으나 마음의 응어리가 되어 짓누르곤 했다.

그러나 어느 날 베를린 장벽이 무너지듯 라 · 시 · 도의 한 옥타브 높은 음이 터지고 말았으니 아무리 어렵고 불가능해 보인 일이라도 몰입해서 정진하면 이루어진다는 평범한 진리를 체험하였으니 그 감격과 감동은 형언할 수가 없었다.

만물이 다시 생동하는 이 봄에 내 삶의 생동을 맞이하고자 남들이 어렵다는 악기를 시작한 것이 축복이라 생각하고 싶다.

자존심을 잠시 감추어 두어라

'아침에 회사에 출근할 때 간과 쓸개를 집에 두고 나가라'는 말이 유행하고 있다. 부자나 거지나, 학식이 높거나 낮거나 사람마다 자존심을 가지고 산다. 이 말은 남에게 인정이나 칭찬을 받는 것이 아닌 오히려 무시당하거나 도외시될 때 생기는 불쾌한 감정을 감추고 자존심을 잠시 동안 숨기라는 의미가 내포된 말이라 생각된다.

직장 상사나 동료로부터 핀잔이나 꾸중을 들었을 때 비록 그렇게 말한 이유가 있었을지라도 그 자괴감은 한순간 자기를 좌절하게 하고 의욕이 떨어지게 되는 것이 사실이다. 다시 말하자면 자존심에 상처를 입었기 때문이다. 더욱이 상관없는 남에게 당하는 모욕과 멸시는 격한 감정이 폭발되어 상황을 더욱 꼬이게 만들고 곤란한 결과를 초래하고 만다. 그러나 자존심을 집에 두고 나온 사람이라면 더욱 몸과 마음을 낮추고 감추며 어렵고 힘든 고비를 넘기는 지혜를 발휘하게 될 것이다.

'자존심이 밥 먹여 주냐'는 말도 있지만 자존심 때문에 밥을 굶을 수 있다는 뜻이다. 아주 배가 고파 죽을 지경에 자존심을 잠시 내려놓은 뒤 배를 채우는 일이 흉이 아닌 것이다. 상처 난 자존심은 잠깐 감추고 있으면 그 자존심을 다시 꺼내서 찾을 수 있기 때문이다. 비록 험하고 불쾌한 일이 벌어졌더라도 인간에게는 망각하는 힘이 있어서 시간이 지나면 쉽게 잊어버리고 또다시 평온한 관계가 시작될 수 있기 때문이다.

젊은 날 내가 은행의 본점 섭외 부서에 재직하던 시절의 한 토막 사건이 생각나서 적어본다. 참으로 모멸감이 들었고 창피하였으나 그 고비고비를 참으면서 마침내 목적을 이루어낸 일이 있었다.

당시는 제3공화국이 들어서고 고급 장성 출신들이 모두 국영기업체의 최고 경영자로 자리를 독점한 시절이었으며 더욱이 군 출신의 혁명 주체 세력들은 이른바 무소불위의 권력을 휘두를 무렵이었다. 일선 영업점에 근무할 무렵부터 평소에 따뜻하게 보살펴주신 고객 한 분이 건설회사를 경영하면서 어느 휴일에 농장에서 파티를 하게 되니 나와서 나에게 잔심부름해 줄 것을 부탁하였다. 수원에 있는 사장의 농장에는 사회 유명 인사들이며 경찰 간부 그리고 혁명 주체인 육군 중장 출신으로 당시 철도청장 이 모 씨도 그 자리에 손님으로 오셨다.

내가 할 수 있는 일은 자리를 안내하는 일뿐으로 모든 일은 출장 나온 호텔 요리부 직원들이 원만하게 진행하고 있었다. 문득 떠오르는 생각이 이곳에서 유명 인사들에게 얼굴을 익혀두는 것이 도움이 될지 모른다는 공리적인 생각이 나서 먼저 이 철도청장에게 공손히 절을 하고 내 스스로 이름과 신분을 밝혔다. 그분이 내 얼굴이나 이름을 기억해 주리라고는 기대하지도 않았으나 그날 농장의 파티 모임만은 기억할 수 있을 것이라 믿었다.

며칠 후 내가 응암동에 있는 이 청장님의 자택을 찾아가면서부터 내 마음의 상처가 일기 시작했다. 집 밖에 군인들의 경비초소에서 푸대접과 거절당하기를 두세 번이었으며, 드디어 연말 성탄 전야에는 집 앞 골목에서 몹시 추운 밤 자정까지 기다리게 되었다. 오기가 발동하여 네 시간 동안 기다리다가 자정이 될 무렵 술에 취한 이 청장님을 뵙게 되었다. 경비초소에서 당한 모멸감이 사라지고 일단은 반쯤 성공한 것이었다. 집안 응접실까지 안내되고 찾아온 목적을 간단하게 말씀드리고 난 후 돌아온 일이 있었다. 바로 다음 날 꽃이 피기 시작하는 놀라운 사건이 발생한 것이다.

본사 방송실에서 성만을 부르며 수원의 최○○ 농장에 어제 왔던 직원을 찾고 있었다. 아마 이름과 소속이나 직급을 잊고 성씨만을 기억해서 인사과에다 찾아내라는 부탁 아닌 지시를 받았다는 사연을 며칠 뒤에서야 알게 되었다. 다음날 내가 철도청 비서실에 찾아가 신분을 밝히고 나니 "당신이 청장님과 친척이냐, 아니면 은행원이 무슨 문제가 있어서 청장님을 만나고자 하는가" 하며 다시 유쾌하지 않은 경멸스러운 태도로 문초 비슷한 조사가 비서실에서 시작되었다. 그러나 간과 쓸개를 집에 두고 나왔으니 꾹 참으며 자초지종을 설명하고 청장실로 안내되어 도움을 받은 일이 있었다.

당시에 철도청 산하의 모든 홍익회 예금 현황을 한 장에 모두 정리한 보고서를 책상 위에 내놓으며 모든 예금(여러 은행 지점)을 만기가 될 때마다 조흥은행의 조 군에게 연락하여 처리하라는 명령을 비서실장에게 하는 쾌거를 이루어낸 것이다. 그 며칠 동안에 자존심을 잠시 숨겨두고 지낸 덕분이었다.

내 기억으로 25억쯤 되는 정기예금으로 소형 점포의 전체 수신액과 맞먹는 예금액으로 초급 대리인 나의 수신 실적으로는 괄목할 만한 실적인 것이다. 이에 용기를 내어서 마침 그때 제3공화국 시절 국민저축 생활화 운동이 박 대통령의 특별 지시에 따라 전개되었고 전 금융기관 종사자들에게는 적극적인 수신 유치 활동이 요구되기도 했으며 저축 독려 활동을 하게 되었다.

국민저축 생활운동 기간에 우수 유치 실적을 거둔 사람을 포상하였는데, 당시 전 금융기관에서 10명을 선발하고 그중에 조흥은행에서 단독으로 선발된 나는 저축 유공자로 선정되어 재무부장관상을 수상한 바 있다. 하루 걸러서 한두 건의 통지예금이나 정기예금을 시내 각 점포에 배정하면서 바쁘게 지낸 찬란한 시절이 지금도 참으로 그리워지는 일들로 추억의 한 자리에 머물고 있다.

그 무렵 한일은행에서는 박 대통령의 적금을 유치하였고(대통령 비서실장의 동생이 은행장) 내가 최규하 국무총리의 적금을 유치한 일이 있어 조흥은행의 체면을 세웠으며, 일산신문에까지 각 은행의 유치 캠페인 결과가 공표된 일이 있었다.

그때는 혈기가 넘치고 자존심이 유별나게 강하여 아첨하고 비위를 맞추는 사람을 경멸한 시절이었으나 두 번에 걸친 수난과 모욕을 참아내고 간과 쓸개를 접어두고 지낸 소득이 예상치 못하게 크게 나타나서 내게 영광을 선물했다고 믿어진다.

소중하고 값진 자존심이 꼭 필요하다 할 것이나 자존심이 내게 영광을 거저 주지도 않았을 것이고 배가 고플 때 먹을 것을 건네지도 않았으리라. 내게 값지고 소중한 자존심을 잠시 숨겨두고 몸으로 생각을 실천할 때 얻은 그 열매는 확실하다는 경험적 이야기이다.

원수와 꿀단지

옛날이나 현대나 가정이 화목해야 만사가 잘 이루어진다는 말이 있다. 그래서 가화만사성家和萬事成이라는 글귀를 거실 벽에 걸어두며 집안의 평화와 행복을 기원하는 풍습까지 있는 것이다. 그 집안의 화목함은 집안의 대들보이며 기둥인 두 부부가 화목한 것에 그 의미를 첫 번째로 좁혀서 생각해 본다. 부모의 아름다운 모습이 자녀들에게 교훈이며 본보기가 되어짐은 물론이려니와 그 모습 속에서 자라난 자녀들의 따뜻한 마음이 자연스럽게 생성되는 것은 당연한 일이다.

요즘 안방극장에서 일어나는 두 부부간의 모습에서 가끔 불협화음의 내용이나 서로 간의 호칭에서 추하고 비교육적인 모습이 비추어질 때 안타까운 마음이 든다. 노인대학에서 노인 학생들에게 어느 강사가 "할아버지를 어떻게 부르나요?" 하였더니 갑자기 할머니 한 분이 "웬수!" 하고 외치니, 다음 사람은 "죽일 놈!"이라고 뒤따라 외치더란다. 모두가 웃고 말았으나 할머니들 거의가 '웬수'에 동감하고 있다는 것을 느낄 수 있었단다.

어느 통계에서 보았다. 우리나라 부부 중에 절반 이상이 상호 간의 호칭에서 어느 것을 선호하는가를 물었더니 60대 이상 부부들은 '누구 아버지, 누구 엄마'가 70%이고, '여보 당신'이란 표현이 30%라고 나타났다. 특히 할머니들이 남편을 생각하기를 '웬수, 죽일 놈'이라고 극단적인 마음을 갖고 살고 있다는 사실을 보고 놀라지 않을 수 없었다. 물론 사랑스런 마음으로 웬수니, 죽일 놈이니 하는 표현을 쓰고 있는 경우가 대부분이라 믿고 싶다. 젊은 시절 수십 년 동안 가족을 위하여 몸을 아끼지 않고 땀 흘리며 일해 온 남편의 고생스런 일들을 순간 잊어버리고, 잠깐 동안의 남편의 실수를 탓하는 미운 마음이 한순간 웬수로 느꼈으리라 믿는다.

전후 일본 경제가 최고조에 이른 후 경기하강 국면에 이르자 종신고용제가 조기정년제로 바뀌어 회사에서 퇴출되고 가정에서조차 퇴출되는 기현상이 일어나고 있다고 한다. 그 결과 황혼이혼이 생겨나 이혼 선수가 늘고 있다는 기사를 보았다. 비록 일본만이 아니라 우리나라에서도 황혼이혼 이 발생하고 있으니 그 이유는 경제소득이 사라진 남편이 짐으로 취급되면서 여자들의 억눌렸든 과거의 탈출 심리가 아닐까 생각해 본다.

사람의 순간적인 감정의 변화가 큰 일교차처럼 순간 나타나는 현상에 불과한 것이지 이는 뼈에 사무치는 원수의 길고 긴 의미가 아닌 것이다. 간혹 가정을 내팽개치는 진짜 웬수들도 있겠으나 대부분의 아내들은 사랑스런 투정으로 나온 노파심에서 지금의 나이 든 남편을 웬수라고 할 것이다. 사랑의 보자기로 감추어진 웬수인 것이다.

서양에서 부부간의 호칭을 '허니honey' 또는 '달링darling'이라 한다는데 꿀벌의 의미를 지닌 허니라는 호칭을 듣고 참으로 적절한 표현이구나 생각했다. 동물의 본능을 감추지 않고 본성本性에 가까운 색깔을 가진 상태를 벌꿀 또는 꿀단지라 부르고 있으니 우리 백의민족의 후예들 정서와는 먼 이야기인 것이다. 고사에서 음탕하고 저질스런 상징으로 성性을 나타내고 있는 책들이 잘 나타내 주고 있어서 그에 많이 물들여졌기 때문이다.

그러나 웬수가 여보로 호칭이 바뀔 때 집안의 변화는 눈에 띄게 달라진다고 믿는다. 젊은 사람들 또한 오빠, 자기 등의 표현이 너무 쉽게 평범하게 사용되고 있어서 탓할 바 아니나 경준, 민준이 등의 남편 이름을 마구 부르고 있는 경우는 존경과 믿음을 빼버린 경박스러운 호칭으로 들리게 되어서 부부간의 좋은 간격을 오래도록 지키기에는 부적절하다고 생각된다. 이름을 쉽게 부르게 되어 간혹 불편한 사건이 생길 때는 쉽게 싸울 소지가 발생되기 때문이다.

요즘 방영되는 한 극중 내용에서 교육자 출신의 어머니가 남편 대하는 습관이 너무 치졸하고 기대에 못 미치는 것이 꼭 작가나 제작자의 의도라고 해도, 선하고 잘한 것을 권고하고 악한 것을 징벌하는 권선징악의 사회 윤리를 저버리는 일은 국민들을 바르게 인도하는 공영방송의 길이 아님이 아쉽고 안타까운 일이다.

의학 전공을 한 최고의 교육을 받고 지도층에 있는 유능한 산부인과 의사의 말투가 저속하고 무례한 것이 의도적일지라도 다섯 살 난 아들까지 두었으며 시부모님과 함께 살고 있는 며느리가 시부모님 면전에서 남편의 이름을 마구 부르는 모습은 마치 동생이나 아랫사람을 부르는 모습으로 전연 사랑과 존경이 없는 몰지각한 내용으로 혐오감을 느끼게 된다.

부부간의 호칭이 꿀벌이나 꿀단지라는 정도는 아니더라도 사랑과 믿음이 담긴 호칭을 연습하고 불러서 가정의 화목을 누리고 행복한 삶을 찾아서 나서는 것이 한정된 생명의 인생살이를 살아가는 값진 요인 중 하나가 아닌가 싶다.

쓸고 닦는 일에서 차장 자리까지

옛날 1960년대에는 우리나라의 시중은행에서는 일반 사무직원은 시험을 통하여 채용하였으나 외무직원이나 견습직원은 주요 고객의 추천이나 또는 유관 기관의 소개를 통하여 직원을 채용하였다. 그분들 중에 사무실 안팎을 청소하거나 서류를 외부기관으로 전달하고 현금을 수송하는 일을 하는 외무직원으로 입행하여서 뒷날 사무직 차장에까지 이르러서 정년퇴직하신 분을 소개하고자 한다.

내가 남쪽 항도 군산 지점으로 초급 대리로 발령을 받고 노도성(가명)씨와 함께 근무를 하게 되었다. 그분의 성품이 부드럽고 온순하시고 말씀 또한 아무리 부하 직원이라도 존대어를 사용하시어 따뜻하고 친절한 분으로 누구든지 쉽게 친근감을 갖게 하신 성품을 지니셨을 뿐만 아니라 특히 몸에 배이신 절약정신은 투철하시었다.

또한 점심은 항상 도시락을 준비해 와서 아무리 거래처나 동료직원들의 외식 요청에도 정중하게 거절하시는 것이 그분의 생활신념이었으며 특별한 행사가 아니면 외식을 하신 것을 거의 보지 못했다. 그래서 사무실 안에서는 점심에 관한 내용이나 맛있는 음식점 이야기를 하지 않는 것이 동료 부하 직원들의 분위기였다. 모르는 외부 인사들은 그분을 지나친 짠돌이며 돈을 모으는 데만 집착하여 인생 사는 재미가 없는 너무 무미건조한 인간이라고까지 흉을 보는 등 자기 기준에만 맞추어서 평가하고 폄하하기 일쑤였다.

나는 그분이 지내온 일화를 듣고 수십 년이 지난 오늘에도 존경스런 마음뿐이다. 역사책에서 읽은 조만식 선생의 입지전적인 젊은 시절이 생각났다. 너무 가난한 집에서 태어나 지방의 부잣집 잔심부름꾼으로 매일 주인양반의 요강을 깨끗하게 닦고 집 안팎을 쓸고 닦는 일을 얼마나 정성스럽게 열심히 했던지, 주인은 조만식 소년의 성실함에 감동하여 자비를 들여 평양의 숭실 중학교에 입학시키어서 훗날에는 그 학교의 교장까지 지내셨다. 우리나라의 물산장려운동의 창시자였으며 독립운동의 선구자 역할을 해내신 민족 영웅으로 오늘날까지 전 국민의 추앙을 받으시는 조만식 선생님을 다시금 생각나게 하였다.

해방 이후 민족은행으로 탄생한 조흥은행 광주 지점에 처음에는 외무직으로 채용되어서 아침 출근 시간은 남들보다 한 시간 전에 나와 쓸고 닦고 하는 일을 어찌나 성실하게 끊임없이 하였는지 은행 내는 물론 다른 공공기관에까지 소문이 날 정도였다고 한다. 업무가 마감된 퇴근 시간 후는 모자란 학력을 보충하고자 야간 학원에 다니며 검정고시를 준비하며 중학교 · 고등학교의 학력을 취득하였고 마침내 일반 행원으로 승격하여 정규 행원들과 어깨를 나란히 할 수 있었다. 그 후 책임자 승진시험도 무난하게 합격하였고, 사무실 바닥에 떨어진 전표 한 장이며 핀이나 클립 하나라도 바닥에 뒹구는 것을 반드시 몸소 주워 타의 모범이 되는 모습을 직접 보았다.

반듯하신 성품과 청렴하신 정신이며 성실하신 자세가 서울 본사는 물론 전 금융가에 알려지어 한국은행 총재상과 재무부장관 표창까지 받으셨다. 그분께서는 우리나라에서 처음으로 국민학교 졸업 학력으로 시중

은행의 차장 자리까지 오르는 영예를 안는 기록을 세우신 분이었다.

몇 년이 흐른 후 그분의 자제가 사법고시에 합격하였다는 소식을 접하고 '과연 그 아버지에 그 아들이고, 훌륭한 가문이구나' 하고 생각했다. 성실하고 열심히 사는 방법만으로도 학력이나 기술이 부족하여도 그들과 어깨를 겨누며 성공으로 함께 달려갈 수 있다고 믿게 된 산 교훈의 증표로 오래오래 기억되고 있다.

안산安山의 오케스트라

우수雨水 절기가 지나고 봄기운이 완연해지니 많은 사람들이 홍제천 산책로 밖으로 나와 걷고 뛰며 휴일을 즐기고 있는 모습이 정겹다. 겨우내 옷을 벗어버린 나목裸木들의 가는 줄기들이 봄바람에 서로 몸을 부비며 매섭고 추운 지난겨울을 지내온 안부들을 묻고 있는 듯 서로 상체를 흔들어 인사를 하고 있다.

내가 즐겨 찾는 안산의 일년초 꽃밭은 아직도 지난겨울에 덮고 지낸 검정색 부직포 이불을 걷어 내지 못하고 초봄의 꽃샘추위가 두려워서 봄볕이 더 짙어지기를 기다리고 있다. 산책로를 따라 듬성듬성 설치해 둔 바위 모양의 작은 스피커(260개)가 온 산책길에 얼굴을 감추고 숨어서 클래식 음악이며 칸초네, 샹송, 우리 가곡들을 산책 나온 시민들에게 따뜻하고 포근한 음악을 선사하며 몸도 마음도 넉넉하게 가꾸어주고 있다.

5월쯤 되면 녹음이 방창하고 푸른 색깔로 온 산의 그 모습이 풍성해지고 더더욱 벚꽃이 만발하여 산새들의 노랫소리까지 곁들여지면서 스피커에서 흘러나온 연주곡들과 어우러져 대자연의 오케스트라가 이곳 안산에 가득 찰 때 그 얼마나 멋지고 장엄할까를 그려본다. 아마 금수강산 온 나라 중에 으뜸인 고장으로 그 명성이 뛰어나리라 상상해 본다.

며칠 전에는 사라사테의 집시 무곡을 그린 치고이너바이젠 멜로디가 처음에는 잔잔하면서 애절한 선율로 시작되더니 후반부에는 힘차고 가슴 벅찬 현악기의 장엄한 곡으로 바뀌어져서 듣는 이의 가슴을 저미게 하였다. 그래서 이 곡이 2차 대전 시 심리전 방송으로 이용되어 독일 진영에서 프랑스 부대 방향으로 보낸 음악 때문에 프랑스 진영의 부대 장병들의 사기가 저하되어 결국 프랑스 군인들이 총칼을 놓고 눈물을 흘리며 고향에 두고 온 가족을 그리워하게 만들었다고 한다.

꼭 서양의 고전음악인 쇼팽이나 베토벤의 음악이 아니라도 우리나라 가곡이나 대중가요 또한 함께 섞어서 방송해 주었으면 하는 아쉬운 마음이나. 힘들고 지친 서민들에게 송대관의 '해 뜰 날' 같은 뽕싹 대중음악노신 나고 희망찬 기운을 가져다줄 것 아닌가. 심리 전술의 방법으로 애처로운 곡조로 사람의 마음을 어둡고 슬프게 하여서 마음을 아프게 만들고 우울하게 하는 음악의 힘이 크게 작용한 것처럼 활기차고 명랑한 멜로디 역시 마음을 밝게 하고 힘이 솟게 할 수 있기에 안산의 방송 음악 선곡에 세심한 배려가 있으면 금상첨화가 아닐까 생각해 본다.

만물이 소생한다는 봄이 완연하게 마당 깊숙이 들어섰기에 집안에서는 구석구석 대청소로 찌들고 낡은 기운을 털어내고 새 기운을 채우는 작업을 하는 것이 가정에서의 봄 살림살이같이 나도 실내 회초를 현관 밖으로 자리를 옮겨 놓으며 따사한 봄볕과 묻어둔 지난 겨울철 이야기를 하도록 인정을 베풀고 솜이불 잠바를 벗고 봄옷으로 바꾸어 갈아입으며 새봄을 맞이하면서 기분을 바꾸어 보고 싶다.

발걸음이 가볍고 몸이 상쾌하여 날마다 오른 등산길을 한 계단 높이 좀 더 늘려서 중턱을 돌아올 마음이 일어선다. 그곳 정자에서 잠깐 쉬어 가면 오후 반나절을 행복하게 보낼 수 있겠다 생각했으나 산책로에서 오래 머물고 쉬면서 멘델스존의 봄 노래 중 베니스 곤돌라를 보고 느낀 봄 기분을 즐기고 만다. 스피커에서 흐르는 사라사테의 음악, 가슴을 적시는 바이올린 선율 때문에 더 오르기를 포기하였다.

내가 본 미국의 플로리다 주에 있는 올랜드 국립공원에 워너사가 제작 설치한 TV 음악방송이 세계적인 명소가 되었으나 도심 숲 속 공원 산책로에 음악방송을 설치 운영하고 있는 우리 서대문 구청 뒷산 안산 길에 아름다운 방송 음악이 흐르고 있는 꿈길 같은 공원시설이 세계 어느 곳에 있을 것인가. 과문寡聞한 나에게는 그저 감동적이 아닐 수 없다.

반나절은 쉼터 벤치에 앉아서 덧없이 흘러가 버린 지내온 인생길을 더듬어 가며 추억이란 책장을 들추어 보면서 인생의 무상함을 다시 한 번 생각해 보곤 한다. 아무리 아끼고 사랑했던 소중한 사람들도 언젠가는 이별해야 하는 비켜갈 수 없는 숙명을 지니며 한정된 삶인데 아직도 숨을 쉬고 이 세상에 살아있다는 사실이 얼마나 아름답고 감사한 일인가. 살아있으므로 이 장엄한 자연의 오케스트라에 빠져 행복을 느낄 수 있으며 자연의 모습을 찬미하며 오늘을 축복할 수 있는 멋진 인생이 아닌가. 이 거대하고 황량한 모퉁이에 서서 우주의 신비함을 소중하게 만끽하고 있는 것이다.

혼자 있으면서 즐기는 고독과 이로 인에 더욱 충만하여 지고지순한 감동들은 이 봄 언저리에서 내가 존재함을 알리고 있는 의미이며 내 가슴을 행복으로 가득 채우고 있는 순간순간들이 아닌가. 남은 시간이 얼마 되지 않아서 기쁨보다는 슬픔이, 희망보다는 좌절이, 가능보다는 불가능이 설혹 내게 일어나도 그들을 반가이 맞이하며 저무는 해를 보내야 할 것이라 다짐하며 어둠이 짙어지기 전에 서둘러 안산의 음악실을 뒤로하고 집으로 발길을 돌린다.

얼음처럼 찬 얼굴

일주일 전에 오늘 비 온다는 일기예보가 정확하다며 아내가 감탄스럽게 말하는 것을 뒤로하고 아침 식사를 한 후 산으로 향했다. 조용한 산길을 걸으면서 어제 시내 외출을 하려고 항상 이용하던 버스를 탔을 때 일어난 일을 생각해 본다. 그 버스 기사 얼굴을 떠올리며 생각의 재미를 찾아서 쓸데없는 걱정을 해보고 있다.

사람마다 각기 다른 얼굴로 태어나서 그 얼굴에 색칠을 하고 바늘로 약을 넣어 찌르고 칼을 대어 뜯어고치기를 보통으로 하고 사는 마당에 얼굴이 차고 굳은 표정이 무어 대수이겠는가마는, 부드럽게 웃는 모습의 얼굴보다는 차고 냉엄한 굳은 표정의 얼굴이 남에게 기분 좋기는커녕 다소 두렵고 혐오스러운 것만은 사실이다.

심장에 이상이 있는 사람들의 얼굴이 창백한 것은 가끔 보아 왔으나 열심히 일하고 있는 젊은 사람들의 굳은 표정의 흰 얼굴에는 혹시 다른 이유가 있는 것이 아닌가 싶어 또 다른 생각도 해보게 되었다. 하루에 수십 번씩 거울을 보고 있는 사람 중에 얼굴 치장이나 머리 모양 또는 옷매무새를 따져보는 것이 우리들의 일상일 것이나 과연 자기 얼굴의 웃음 띤 얼굴이나 일그러진 얼굴을 관찰하며 거울을 보는 사람이 얼마나 있는지도 의문스러운 것이 사실이다.

이목구비가 아무리 뚜렷하고 건강한 사람일지라도 마치 몇 끼 식사를 못해서 배가 고프거나 아니면 치통이 있어서 머리가 깨지는 사람처럼 아무런 표정 없는 굳은 표정의 버스 기사님의 얼굴이 자주 떠오fms다. 나이가 훨씬 많은 고객인 내가 차에 오르면서 습관적으로 "안녕하세요" 하고 인사를 건넸으나 아무런 표정 없는 얼굴로 눈길조차 건네지 않는 것이 약간은 서운했다. 그러나 웃는 얼굴로 서로 인사를 주고받는 것이 얼마나 아름다운 것인지 잘 알고 있을진대 다른 이유가 있겠거니 접어 생각하고 자리에 앉아 다음 승차 손님들을 구경하게 되었다.

대부분의 손님들이 말없이 카드요금을 찍고 바쁘게 안으로 들어가고 마는데 한 꼬마 초등학생이 오르며 마침내 "안녕하세요?" 인사를 하는 것이다. 역시 훌륭한(?) 그 기사님의 무표정, 무반응을 보고 그만 서글퍼지는 마음이 생기고 말았다. 가족을 위해 힘들게 일하는 한 가정의 아버지일 것이 분명한데 얼굴에 찬 얼음을 쓰고 지내는 사람이 과연 서비스를 제대로 하면서 안전운전을 하고 있는지 의문스러웠다. 친절을 내세우고 있는 회사에서는 무엇을 가르치고 어떤 것을 얻어내고 있을까. 그 기사가 무보수나 아니면 징벌로 강제노역을 하고 있는 건 아닌지, 그 원인을 쓸데없이 연구해 보면서 목적지에서 하차하고 말았다.

웃는 얼굴로 천 냥의 빚을 갚을 수 있다는 속담이 있으며 웃은 얼굴에는 만복이 찾아온다는 말도 있다. 웃음이야말로 어떤 원재료도 필요 없고 생산 비용도 들지 않으며 제조 노동력이 필요하지 않은 세상에서 가장 흔하고 값진 보석이고, 원가가 없는 최고급 명품이며, 공기 중에 산소처럼 흔하게 공으로 얻을 수 있는 것인데 그것을 인색하게 아끼고 숨기고 사는 지나친 어리석음을 지니고 사는 사람들이 너무 많아 서글퍼진다.

우리들이 한 번쯤 자기 자신을 살펴볼 필요가 있다고 생각해 본다.

잘못된 부자의 얼굴

예부터 부자는 귀하고 드물며 가난한 사람은 많고 흔해서 부자 되는 꿈을 키우며 살아가는 사람이 대부분이며 오늘날까지 누구나 부자가 되기를 갈망하고 있다. 봉건사회에서부터 현대 자본주의 사회 체제하에서는 개인의 사유 재산을 인정하고 부자들의 탄생을 장려하기 때문에 사람마다 물질의 풍요를 누리며 살고자 하는 것이 당연한 것이다. 그러나 사회주의 사회에서 또는 공산주의 사회에서는 개인의 재산을 인정하지 않으며 똑같이 모든 물자를 공동으로 생산하고 모으며 나누어 쓰기 때문에 한 사람이 많은 재산을 가질 수 없게 된 것이다.

인간의 창의성과 창조 의욕을 묻어버리는 중우정치衆愚政治로 권력자들의 비도덕적인 사고 때문이다. 자기들만의 호사와 풍요한 생활을 유지하기 위한 술수로 백성들에게는 속이며 모두가 똑같이 잘 살자는 구실을 내세워 기만하고 있다고 믿는다. 그러나 일한 만큼 소득을 얻고 게으른 만큼 배가 고픈 경쟁의 자본주의 경제 체제하에서는 부자와 가난한 사람이 필연적으로 구분되고 그 결과 부자가 있고 가난한 사람이 탄생한 것이다.

조선 순조 때 어느 방랑 저항 시인의 글 한 구절이 생각나서 다시 음미해 보고자 한다. 부자들의 몸에서는 오랜 욕심이 쌓인 때가 있어 악취가 나듯 냄새가 진동하여서 나비가 찾아들지 않으며 오히려 똥파리와 모기

떼만 모이게 될 것이고, 비록 가난하지만 마음을 비우고 사는 사람들에게서는 신선하고 향기로운 방향을 내뿜어서 벌들이 찾아 모이고 나비 떼들이 모이게 되는 것이다. 그러나 물질의 풍요로움 속에서 정신이 황폐해 가고 있는 현상이 일어나고 극도로 인간성이 짓밟히고 마는 참담한 살육 전쟁이 일어나고 있는 비참한 현실을 간과해서는 안 된다.

살다 살다 지치고 고달파서 스스로 목숨을 버리는 사람이 있기도 하고 최소한의 생존을 위한 추위를 피할 옷과 허기를 채울 빵과 누울 자리가 없어 남을 해치고 칼을 들고 물건을 뺏는 사람들이 주변에서 빈번하게 일어나고 있으니 참으로 무섭고 저주스런 세상으로 변해 가고 있는 것이 사실이다.

중세기 로마 제국을 생각해 보자. 그들의 영광과 사치가 얼마나 극에 달하였기에 불과 몇백 년도 못 가서 마침내 멸망하고 역사 속으로 사라져 버린 교훈을 잊어서는 안 된다. 비록 로마의 정치제도가 의회정치의 모태로 비교적 민주적이었다고 하나 소수의 집권자들만 누리는 특권으로 역시 국민들에게는 자유와 선정이 미치지 않는 폭정의 그늘은 이율배반의 양면성을 가지고 있었다. 부와 권력이 지나치게 비대해지면 스스로 통제력을 잃어버리고 그 속에서 안주해 버리기 때문에 결국에는 인간성마저 파멸해 버리는 비극을 초래하게 된다.

철학자 스피노자가 말하기를, 인간은 부와 명예와 즐거움, 이 세 가지를 가지려고 몸부림을 친다고 했다. 그러나 이 세 가지는 인간의 참된 행복을 훼방 놓은 것이라 했고 인간의 정신활동을 빼앗아버리고 만다고 했다.

너무도 어처구니가 없고 황당한 사건이 생각나서 적어 본다. 1986년도 내가 신촌에 있는 모 증권회사에서 주식에 미쳐 있을 때 한 방에서 매일 얼굴을 보며 인사하고 있는 김 모 사장의 실제 사건이다. 대구 출신의 중년 부자가 부모로부터 상속받은 빌딩 한 채를 팔아 그 대금 50억 원을 주식에 투자하여 원금을 늘리기는커녕 불과 1년여 만에 20억을 손해 보고 그 충격으로 고민에 빠져 스스로 자살한 사건을 곁에서 보았다. 그가 사망 후에 잔여 주식을 정리하였는데 아직도 무려 30억 원이 잔고로 있어서 모두를 경악케 하였다.

이처럼 인간의 욕심은 끝이 없고 추악하기 짝이 없다고 생각하고 비록 한순간에 큰 재산을 잃었다는 정신적 충격은 컸겠으나 얼마 동안의 몸살이나 방황으로 고비를 넘겼다면 남아 있는 많은 재산으로 남은 인생을 곱게 보낼 수 있었을 텐네 하고 주위 사람들의 안타까운 마음은 형인할 수 없었다. 그의 가족들이 애통하고 비참한 심정이 어떻겠는가. 참으로 어리석고 어처구니없는 사건으로 쓴웃음밖에 나오지 않았다.

반면에 미국에서 1835년생인 헨리 홀랜드는 무려 9,500만 달러(한화 1천억 원)의 재산가였음에도 아들의 다리를 치료하는 시기를 놓쳐 절단시켰으며 그도 궁핍을 면하지 못한 구두쇠로 일생을 마친 사례도 있었다고 한다.

죽음을 앞에 두고 헨리 홀랜드의 황망한 심정을 미루어 짐작해 보고 허망한 인생을 교훈 삼아야 할 것이다. 그는 통장 잔고 액수가 늘어가는 것만을 보며 만족하고 즐기며 행복에 젖었다고 했으니 그놈의 돈이 과연 어떤 마력이 있으며 신비스런 것인가를 다시 생각해 보게 된다.

부를 이룰 때 사람을 해치는 살생 검을 가슴에 품고 지냈더라도 부를 영원히 남기고자 한다면 사람을 살리는 천일 검을 가슴에 새기며 살아야 함도 잊어서는 안 된다. 저승길을 들어설 때는 돈도 가족도 몸뚱이마저도 가져가지 못하고 다만 주머니가 없는 옷 한 벌 걸치고 한 평밖에 안 되는 땅속에서 나무판자로 지은 토담에다 흙집 방 속에서 잔디풀로 이불 삼아 살아가는 것이 인생길 아닌가. 욕심을 버리고 남의 서러움을 함께 슬퍼할 줄 알고 기쁠 때는 함께 웃는 소위 부자들의 얼굴 모습을 그려보게 된다. 참으로 아름답고 향기로운 냄새가 날 것이다.

가난은 나라님도 구제 못 한다고 하는 옛말이 있다. 그러나 복지사회가 날로 증진되고 있는 지금의 선진국이나 우리나라에서는 틀린 말이다. 요즈음에는 '가난은 팔자로 태어난다' 또는 '가난은 숙명'이라는 말은 들어본 적이 없다. 비록 남보다 조금 적게 지녔더라도 욕심을 내려놓고 이웃과 함께 기뻐하고 눈물을 함께 나누어 흘리는 마음으로 살아간다면 향내음을 풍기고 나비가 찾아오고 벌들이 모이는 얼굴이 되리라 믿는다.

고향의 흙

고향에서 태어나 한평생을 고향의 울 안에서 살다 간 사람이 아니면 고향이라는 단어 한마디에 콧등이 시린 경험을 한 번쯤 해보았으리라 생각된다. 고향에서 유년시절을 보내고 반세기 넘어 타향을 맴돌며 살아온 사람일수록 그 고향의 이름이나 고향의 정경들이 그리움의 추억 속에서 가슴을 찡하게 만드는 것이 나만의 향수가 아니리라.

아무리 지금이 편하고 모자람이 없는 풍요로운 세월일지라도 마음 저편에 자리 잡고 있는 고향이라는 이름에 더욱 포근한 어머니의 품속 같은 그리운 마음은 당연한 사실이다. 풋고추에 된장을 찍어 꽁보리밥으로 살아온 지난날 고향에서의 삶이 오늘의 산해진미의 진수성찬 밥상보다도 귀하고 값진 음식으로 기억 속에 남아있으니 바로 그 고향이 뿜어내고 있는 신비한 마력이 아니런가.

우리나라 초대 대통령이신 이승만 박사께서 청년 시절 미국에서 공부하며 독립운동을 위해 마음을 다질 때마다 고향(황해도 평산)의 흙 한 줌을 꺼내 보며 의지를 다시 세우고 하셨는데, 하루는 일본의 사주를 받은 자객이 침입하여 목에 칼을 들이밀며 마지막 소원을 물었는데 서랍 속에서 손수건으로 싸놓은 흙 한 줌을 보며 기도를 하였다. 자객이 너무 이상하여 "그것은 무엇이냐?"라고 묻자, "이것이 바로 내 조국 내 고향의 흙 한 줌이다"라고 대답했단다. 그 소리를 듣고 자객이 목에 겨눈 칼을 거두고 사라졌다는 이야기가 있다. 바로 고향의 흙 한주먹이 생명을 살려낸 설명할 수 없는 신비스런 고향의 힘이 가져온 증표가 아닌가.

헝가리 태생의 세계적인 음악가 쇼팽에게도 고향의 흙 한 줌의 일화가 있었다고 한다. 쇼팽이 건강이 나빠 병석에 누워 있었으면서도 헝가리의 독립자금을 모으기 위하여 음악 연주여행을 다닐 때마다 고향의 흙을 보며 그 냄새를 맡고 다시 기운을 차리고 연주여행을 하다 48세의 나이로 연주여행 중에 운명하였다.

'고향'이란 어휘가 지니고 있는 말로 형언키 어려운 마법 같은 그리움은 다시 용기와 힘을 불어넣어 살아나게 하였으며 고향이 주는 정신력은 무서운 총칼에 맞설 수 있는 보이지 않는 무기가 되곤 했다.

1960년대에 남미 브라질로 이민을 떠나서 지금은 브라질의 섬유산업을 이끌고 있는 황○○이 나와 고등학교 동창이다. 그 또한 고국을 떠나면서 고향의 흙 한 줌을 병에 넣어 가져가 그가 어려울 때마다 그 흙냄새를 맡고 초심을 다져 먹고 했다는 성공담을 들은 바 있다. 고향의 흙 한 줌이 좌절에서 희망을 이끌어내었고 태만과 방종을 경계해 주는 큰 힘이 되었음을 증명한 바 있다.

어머니의 태반에서 세상으로 나와서는 어머니의 가슴이 온 우주였으며, 어린 시절에는 고향의 산천이 온 우주가 되어 뛰어놀며 웃고 울었던 세상 전부였기에, 어른이 된 후에도 어릴 적 기억이 뚜렷하게 떠오르는 고향 땅에서의 추억이 어떤 설명으로도 부족한 신비스러운 힘으로 자리 잡고 있음은 나만의 생각이 아닐 것이다.

나이가 들어 살아갈 날이 머지않은 때 죽음을 한 번쯤 생각하는 것이 상식이기에 나도 가끔 죽은 뒤의 내 거처를 어느 곳으로 정할 것인지 곰곰이 생각해 보면서 우선으로 고향의 흙 속으로 거처를 옮겼으면 하고 희망하곤 한다. 그곳에는 내 부모님과 조부모님들도 함께 살아가고 계시기에 비록 한 줌의 뼛가루일지언정 고향의 흙 속에서 저승의 세월을 보내고 싶기 때문이다.

초등학교를 졸업하고 12살 때부터 객지로만 60년을 맴돌다 고향에서 여생을 보내자는 아내의 의견에 따라 고향 집을 개조해서 추진코자 며칠 전에 시골에 다녀왔다. 빈터에 꽃과 나무를 심고 채소를 가꾸며 가축을 기르고 맑은 공기 속에서 보낸다고 생각하니 더 이상의 욕심이 사라지고 말았다.

이제는 심리적인 욕구나 사회적인 욕구를 채우기 위해 번뇌하고 몸부림치는 굴레를 벗어버리고 동물적인 본능으로 먹고 자고 비우고 해서 마음속에서 극락과 천당을 살아생전에 누려보려고 마음먹으니 벌써부터 행복한 삶이 시작되는 듯하다.

나아갈 길도 보이지 않고 그렇다고 뒤로 물러설 수도 없는 절벽에서 내 스스로의 인생을 절망하며 지낸 지도 어언 3년이 지났다. 소위 진퇴양난의 수난을 겪은 세월이었음을 고백하지 않을 수 없다.

흔히 병법에서 '협곡에 들어가서 싸워서는 안 된다'다고 했는데 그런 협곡에 발을 들여놓았으니, 주변의 상황을 좌우로 아무리 둘러보아도 암담한 절벽뿐이었다.

그러나 2010년 10월부터 실낱같은 희망의 빛줄기가 보이기 시작하여 매달리고 헤매면서 1년을 보내고 나니 앞길이 보이고 용기가 찾아와 주어 그때부터 단편적인 생각들을 모아서 내 혈육들에게 보낸 첫 번째 수상집 발간을 마무리하였고, 그 이후부터 애써서 몸부림치며 2012년에는 두 번째 수상집을 엮어보는 데 성공하였다.

비록 모자라고 유치하지만 나로서는 진솔한 생각과 철학을 담았다고 자부하고 싶다. 그 이유는 수십 년 동안 꿈으로만 그리워하던 글쓰기를 해냈다는 자긍심이 더욱 값지기 때문이다.

지난 1년 동안 옆에서 원고 입력을 도와준 아내 김양자 님에게 감사하며 책을 펴낸 한솜미디어 대표에게 감사한 마음을 전한다.